KB108129

벤저민 그레이엄의

현명한 투자자

THE INTELLIGENT INVESTOR

A Summary of Benjamin Graham's original work

벤저민 그레이엄의

현명한 투자자

THE INTELLIGENT INVESTOR

A Summary of Benjamin Graham's original work

정말 읽기 쉬운 **핵심 요약판**

스티그 브로더슨 · 프레스턴 피시 요약
이건 편역

에프엔미디어

추천 서문

가치투자의 아버지라 불리는 벤저민 그레이엄은 "초보자도 건전한 투자 전략을 수립하고 실행할 수 있도록 안내하기 위해" 1949년《현명한 투자자》를 출간했다. 그레이엄의 제자이자 세계 최고의 투자자인 워런 버핏은《현명한 투자자》를 처음 읽고 받은 감동의 순간을 "어둠 속에서 빛을 본 것 같았다"라고 표현했다. 버핏의 오랜 투자 동료인 빌 루안은 그레이엄과 버핏이 투자 세계에 미친 영향을 성경에 빗대어 "그레이엄이 구약을 쓰고 버핏은 신약을 썼다"고 말했다. 그만큼《현명한 투자자》가 투자 세계에 끼친 영향은 막대하다. 따라서 투자자라면 반드시 읽어보아야 하는 책이다.

그러나 모든 고전이 그러하듯《현명한 투자자》는 투자 경험이 깊지 않은 독자가 쉽게 이해할 수 있는 책이 아니다. 솔직히 고백하자면 나 역시 투자를 시작하던 20년 전에 처음 읽었지만 당시에는 이 책이 왜 그렇게 뛰어난 책인지 제대로 깨닫지 못했다.

이 책은 1973년 출간된 개정 4판을 기준으로 할 때 광란의 1920년대Roaring 20s와 이어진 대공황, 1930~1940년대의 주식시장 혐오와 무관심, 1950년대의 강세장과 1960년대의 성장주 시대Go-Go Years, 이어진 1970년대 초의 니프티 피프티Nifty Fifty 버블까지, 그야말로 주식시장의 온갖 극단적인 시대들을 모두 경험한 그레이엄의 깊은 지혜가 담겨 있는 책이다. 그러니 20년 전 투자 경험이 일천했던 내가 이 책에 담긴 심오한 지혜를 온전히 받아들이기에는 역부족이었던 것이다. 이후 투자 경험이 쌓이고《현명한 투자자》를 반복해서 읽으면서 책에 담긴 메시지의 심오함을 깨달을 수 있었다.

아쉽게도《현명한 투자자》는 투자 경험이 짧은 일반인에게는 넘어야 할 허들이 존재한다. 그런 측면에서 그 핵심 내용을 잘 요약하고 정리한《벤저민 그레이엄의 현명한 투자자: 정말 읽기 쉬운 핵심 요약판》은 원저가 가진 높은 허들의 부담을 낮추면서 심오한 통찰로 안내하기에 안성맞춤이다. 나 역시 가끔은《현명한 투자자》대신 이 책을 가볍게 들춰 보며 그 내용을 되새겨보곤 한다.

아직《현명한 투자자》를 읽지 않았거나 읽기 어렵다면 이 책으로 우선 시작해보기를 권한다. 버핏은 "그레이엄의 가르침을 따른 많은 사람이 부자가 되었고, 가난해진 경우는 찾아보기 어렵다. 이런 가르침을 줄 수 있는 사람은 드물다"라고 말했다. 부디 버핏이 보았던 어둠 속의 빛을 여러분도 볼 수 있기를 바라며 이 책을 추천한다.

-박성진
이언투자자문 대표

역자 서문

이 책은 벤저민 그레이엄의《현명한 투자자The Intelligent Investor》를 요약한《The Intelligent Investor: A Summary of Benjamin Graham's original work》의 번역본이다. 요약본인 이 책이 아마존에서 비교적 좋은 평가를 받은 것은《현명한 투자자》원본이 미국인들이 읽기에도 상당히 부담스러웠기 때문이라 생각된다.

나도《현명한 투자자》완역본을 읽어보려고 여러 번 시도했으나 한 챕터도 마치지 못하고 포기하기 일쑤였다. 인내심도 부족한 데다가 일종의 직업병(조금이라도 어색한 문장이 눈에 띄면 고치려는 습성) 탓도 있었던 듯하다. 그래서 최고의 고전인 줄 알면서도 대략적인 내용조차 파악하지 못했다.

그러던 중 아마존에서 위 요약본을 발견했다. 순간 워런 버핏의 말이 떠올랐다. "정확하게 맞히려다 완전히 빗나가는 것보다 대강이라도 맞히는 편이 낫다." 즉 어렵고 두꺼운 책을 모두 읽으려고 덤비다가 포기하는 것보다는 요약본을 통해서 대강이라도 파악하는 편이 낫겠다는 생각이 들었다. 그리고 적어도 나는 이 책을 통해서 소정의 목적을 달성했다고 생각한다.

그러나 요약본에는 분명히 한계가 있다. 요약은 요약일 뿐, 절대로 원본을 대신할 수는 없다. 틀림없이 요약 과정에서 주요 내용 상당 부분이 누락되었을 것이고 일부 내용은 왜곡되었을 것이다. 가능하면 원본에 충실하려고 요약본 일부는 원본과 대조하고 수정했으나 요약본 전부를 원본에서 확인할 수는 없었다. 다만 버핏이 강조한 8장과 20장에는 더 공을 들였다. 개인적으로는 "20장. 가장 중요한 개념은 안전마진"이 이 책의 핵심이므로 가장 먼저 읽어야 하며 거의 암기할 정도로 거듭 읽어야 한다고 생각한다. 나는 이 책이《현명한 투자자》를 읽는 디딤돌 역할을 해줄 것으로 기대한다.

벤저민 그레이엄의 투자철학을 누구보다 깊이 이해하면

서 시종일관 충실하게 실행하는 정통 가치투자자 박성진 이언투자자문 대표가 써주신 탁월한 추천사에 마음 깊이 감사드린다.

-이건

차례

4판 서문(워런 버핏)

워런 버핏은 이 책을 다음과 같이 매우 단순하면서도 명쾌하게 설명했다.

- 투자를 잘하기 위해서 IQ가 그리 높을 필요는 없다.
- 투자에 성공하려면 건전한 사고방식과 감정 조절 능력을 가져야 한다.
- 이 책에서 특히 8장과 20장에 주목하라.
- 탁월한 투자 성과를 내는 것은 투자에 기울이는 노력과 지식에 달려 있다.
- 시장의 움직임이 비효율적일수록 기회는 더욱 커진다.

책에서 '대박 터뜨리는 법'을 다루지 않는다. 이 책의 목적은 다음과 같다.

1. 투자자가 자주 저지르는 심각한 실수를 알려준다.
2. 마음 편하게 진행할 투자 전략을 소개한다.
3. 투자 전략을 선택하고 실행하는 방법을 안내한다.
4. 초보자에게 적절한 투자 방법을 안내한다.
5. 투자의 원칙과 태도를 강조한다.

책에서 증권을 분석하는 전문적인 기법은 거의 다루지 않겠다. 지나간 과거에서 교훈을 얻지 못하면 과거의 실수를 반복할 수밖에 없다. 그래서 현명하게 투자하기 위해 지난 수십 년간 주식과 채권이 어떻게 흘러왔는지에 주목한다. 어쩌면 그중 일부는 다시 경험할 수도 있다.

이 책은 투기꾼이 아니라 투자자를 대상으로 썼다. 그래서 먼저 투자와 투기를 구분한다. 아무리 시장이 급변하더라도 건전한 투자 원칙이라면 자주 변해서는 안 된다. 시장에 휩쓸리면 거의 예외 없이 망한다는 사실을 항상 명심하라.

책에서는 투자자를 두 가지 유형으로 구분한다. 방어적 투자자란 손실이 발생하는 것을 싫어하거나, 투자를 자주 고민하고 싶지 않은 사람이다. 공격적 투자자란 유망하고 매력적인 종목을 찾기 위해 시간과 노력을 아끼지 않고, 그 결과 방어적 투자자보다 더 높은 수익을 거두려는 사람이다.

투자에 성공하려면 먼저 성장성이 높은 산업을 선택한 다음 그 산업에서 가장 유망한 종목을 선정하라고 흔히 말한다. 예를 들면 먼저 컴퓨터 산업을 선택하고 그중에서 IBM을 선정하는 식이다. 그러나 1949년 1판 서문에서 예로 들었듯이, 항공운송 업종의 전망은 매우 밝았지만 개별 종목들의 실적은 매우 부진했다. 그리고 컴퓨터 산업에서 IBM은 실적이 매우 좋았지만 다른 종목들은 실적이 부진했다. 여기서 다음과 같은 교훈을 얻을 수 있다.

1. 성장 전망이 밝다고 해서 투자수익이 보장되지 않는다.
2. 전문가들도 유망 산업에서 유망 기업을 찾아내기는 어렵다.

또 투자자를 곤경에 빠뜨리는 가장 무서운 적은 자기 자신이다. 이성을 잃고 시장에 휩쓸리기 쉽기 때문이다. 투자할 때는 항상 건전한 사고방식을 유지해야 한다.

내재가치를 평가하거나 계량화하는 습관을 가지면 실수를 줄여준다. 내가 지불하는 시장가격과 획득하게 되는 내재가치를 비교하여, 매수하기에 충분히 낮은 가격인지 따져보는 습관을 가져야 한다. 향수가 아니라 식료품을 사듯이 실용적으로 주식을 매수해야 한다. 내재가치를 따져보지 않고 묻지 마 투기를 할 때마다 얼마나 엄청난 손실이 발생했는지 상기해보라.

아무리 초보자라도 조금만 노력하면 화려하지는 않지만 괜찮은 투자 성과를 올릴 수 있다. 초보자인데도 짧은 지식으로 잔머리를 굴리면 오히려 안 좋은 결과가 될 수도 있다.

우량 채권과 대형 우량주만으로 단순하게 포트폴리오를 구성해도 좋다. 이 수준을 넘어서 공격적으로 투자하려면 관리도 어렵고 자신감도 있어야 할 뿐만 아니라 전문가의 도움도 필요하게 된다. 무엇보다 '안전마진margin of safety'✚ 원칙을 준수해야 한다.

나는 제1차 세계대전이 발발하기 전인 1914년에 투자를 시작했다. 이후 시장은 등락을 거듭했지만, 건전한 투자 원칙을 지켰더니 결과적으로 괜찮은 성과를 유지했다.

✚

채권이나 우선주의 안전마진은 이자나 배당금을 초과하는 수익력, 또는 선순위 청구권을 초과하는 기업 가치다. 그리고 주식의 안전마진은 주가를 초과하는 내재가치, 또는 정상 이자 수익률을 초과하는 예상 이익과 배당금이다. (《증권분석》 3판(2010) p. 85에서 인용)

더 자세한 설명은 '20장. 가장 중요한 개념은 안전마진'을 참조하고, 가능하면 20장을 먼저 읽어보시기 바란다.

\- 옮긴이

“
초보자라도 조금만 노력하면,
화려하지는 않지만
괜찮은 투자 성과를 올릴 수 있다.

그러나 초보자가
짧은 지식으로 잔머리를 굴리면
실적이 오히려
더 나빠지기 십상이다.

시장에 휩쓸리면 거의 예외 없이
망한다는 사실을 명심하라.
”

01

투자와 투기

현명한 투자자들이 기대하는 투자 성과

투자자와 투기꾼을 구분할 필요가 있다. 주식시장에 참여하는 모든 사람을 투자자로 볼 수는 없다. 투자자가 투기에도 손대고 싶으면, 투자용 계좌와 별도로 투기용 계좌를 만드는 편이 좋다. 방어적 투자자는 우량 채권과 대형 우량주에 투자하는 편이 좋다. 공격적 투자자는 방어적 투자자보다 더 높은 수익을 기대하므로 단기 매매나 공매도까지 구사할 수도 있다.

투자와 투기

1934년《증권분석Security Analysis》에서 제시한 투자의 정의는 다음과 같다.

"투자란 철저한 분석을 통해 원금을 안전하게 지키면서도 만족스러운 수익을 확보하는 것이다. 그렇지 않다면 투기다." +

그러나 시장이 붕괴되어 가장 매력적인 가격이 되었을 때는 오히려 주식을 투기적이라고 위험하게 인식하고, 반대로 시장이 상승해서 위험한 수준이 되었을 때는 실제로 투기를 하면서도 투자라고 착각한다. 그래서 '무모한 투자'라는, 앞뒤가 맞지 않는 어법이 등장했다.

+

"철저한 분석" "안전하게 지키면서도" "만족스러운 수익" 모두 불분명한 표현이라고 반박할 여지가 있지만, 그래도 심각한 오

해를 방지할 정도의 명확성은 갖췄다.

"철저한 분석"이란 안전과 가치의 확고한 기준에 비추어 사실을 연구한다는 뜻이다. 1929년에 단지 전망이 뛰어나다는 이유만으로 실적 좋은 해 EPS(주당순이익)의 40배인 주가에 GE를 매수하라고 추천했다면, 이는 철저한 분석이라고 볼 근거가 전혀 없으므로 분명히 투자가 아니다.

투자에서 추구하는 "안전"은 절대적이거나 완벽한 것이 아니다. 여기서 안전이란 정상이거나 충분히 있을 법한 상황에서 손실에 대비한다는 뜻이다. 예를 들어 안전한 채권은 예외적이거나 극히 드문 상황에서만 부도가 나는 채권을 말한다. 마찬가지로 안전한 주식도 매우 드물게 발생하는 불의의 사고만 아니면 주가에 걸맞게 기대를 충족시키는 주식을 말한다. 조사나 경험에 비추어 손실 가능성을 감지할 수 있다면 이는 투기적 상황이다.

"만족스러운 수익"은 "적정 수익"보다 더 넓은 개념이다. 현재 금리와 배당수익률은 물론 자본이득이나 이익도 포함하기 때문이다. "만족스러운"은 주관적인 표현이다. 이는 투자자가 현명하게 판단해서 수락한다면 아무리 낮은 수익이라도 상관없다는 뜻이다. (《증권분석》 3판(2010) p.77에서 인용)

- 옮긴이

수익 기회를 노릴 때는 반드시 위험도 따져보아야 한다. 주식 투자에는 투기적 요소가 내재되어 있기 때문에 위험을 최소화하려고 노력해야 하며, 손실과 그로 인한 심리적 충격에도 대비해야 한다.

투기적 요소가 있더라도 신중하게 위험을 줄이면 '현명한 투기'가 되지만, 감당하기 어려울 만큼 많은 돈을 걸면 '어리석은 투기'가 된다. 증권사에서 돈을 빌리는 신용매수는 모두 투기이므로, 증권사는 신용매수가 투기라는 사실을 고객에게 알려야 한다. 짜릿한 재미로 투기를 하더라도 손실을 감당할 수 있는 선에서 그쳐야 하며, 투기에서 얻은 수익은 투기용 계좌에서 인출하는 편이 좋다. 투자와 투기를 혼동해서는 절대로 안 된다.

방어적 투자자에게 예상되는 실적

방어적 투자자는 손실이 발생하는 것을 싫어하거나, 투자

에 대해 자주 고민하고 싶지 않은 사람이다. 방어적 투자자에 대한 그레이엄의 조언은 시대에 따라 바뀌기도 했다.

a. 1964년의 조언

우량 채권과 대형 우량주의 비중을 25~75%에서 탄력적으로 구성하는 변율투자법을 활용하라. 이 방법이 복잡하다면 아주 간단하게 둘의 비중을 절반씩 유지하는 정률투자법을 활용하라. 이렇게만 해도 연 6% 수익을 기대할 수 있다.

b. 1964~1972년의 상황 변화

채권 수익률이 급등해서 채권 가격이 최대 38%나 하락했다. 이렇게 되리라고는 나도 예측하지 못했다. 증권 가격은 절대 예측할 수 없다는 사실을 재확인한 사례다.

c. 1972년의 조언

정부가 보증하는 우량 채권은 '현금성 자산cash equival-

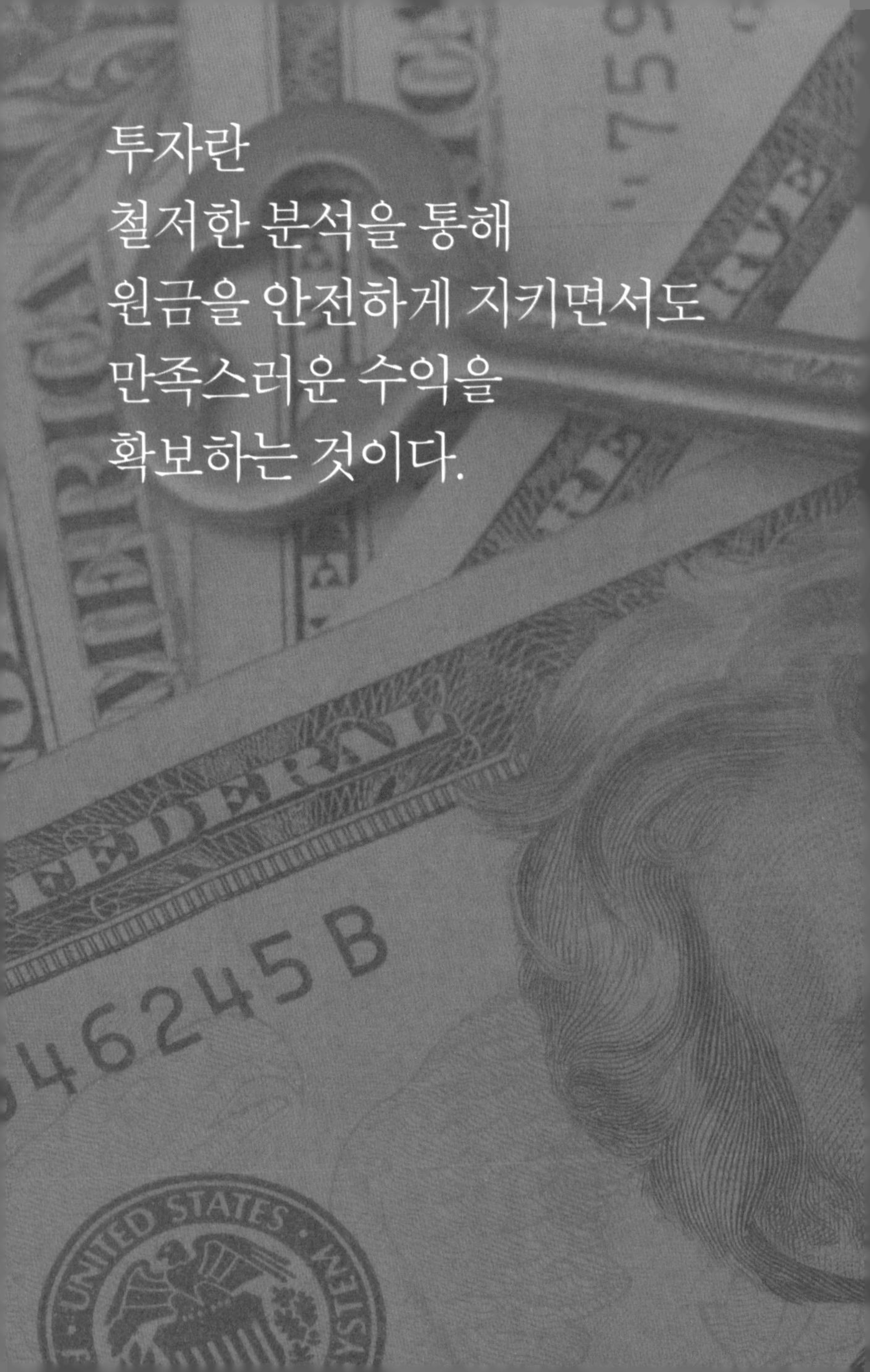
투자란
철저한 분석을 통해
원금을 안전하게 지키면서도
만족스러운 수익을
확보하는 것이다.
UNITED STATES

그렇지 않다면
투기다.

ents'으로 부를 수 있다. 1964년에 비해 주식 투자가 채권 투자보다 불리해 보이므로 자금 전부를 채권에 투자하라고 권고한다. 그러나 인플레이션이 발생하면 채권보다 주식이 유리하다는 점을 염두에 두어야 한다. 이런 점을 모두 고려하면 채권과 주식을 절반씩 보유하는 방법이 합리적일 것이다.

개인 투자자는 물론이고 펀드매니저도 시장지수를 따라잡기 힘들기 때문에, 방어적 투자자는 매력적인 종목을 선택하려고 너무 애쓸 필요는 없다. 우량 펀드나 괜찮은 자문사에 가입하는 것으로 충분하다. 직접 투자하려면 정기적으로 동일한 금액을 매수하는 '정액매수적립식**dollar cost averaging**'을 활용하는 것도 좋다.

공격적 투자자에게 예상되는 실적

공격적 투자자가 방어적 투자자보다 나을 수도 있지만 훨씬 못할 수도 있다. 실력이 비슷한 투자자들과 경쟁하게 되는데, 추세 매매나 테마주 투자나 성장주 투자 등 대중이 선호하는 투자 방식을 따라가서는 초과수익을 얻기 어렵다.

순자산가치보다 주가가 낮은 황금 기회가 왔을 때 주식을 매수하면 수익을 얻을 수 있지만, 이제는 이런 기회가 흔치 않다. 대신 공격적 투자자는 개선 가능성이 있는 저평가 소외주를 발굴해야 한다.

02

투자와 인플레이션

물가가 상승하면 현금 구매력이 감소하기 때문에 투자자들은 물가 상승에 대비해야 한다. 물가가 상승하면 주식도 영향을 받지만 채권보다는 유리한 면이 있다. 심지어 인플레이션을 효과적으로 방어한다고 오랫동안 알려진 금과 부동산도 주식보다는 못하다. 주식에 투자하면 현금 구매력이 감소하더라도 배당금 증가나 주가 상승으로 상쇄되기도 한다.

미래 투자 전략을 수립할 때는 과거 경험을 참고하는 편이 좋다. 인플레이션은 오늘날 새삼스러운 현상이 아니다. 생활비는 1915~1920년에 2배나 증가했지만, 1965~1970년에는 겨우 15% 증가했다. 그 사이에 물가 하락은 3번, 다양한 수준의 물가 상승은 6번 있었다. 1972년 이전 20년간 인플레이션은 연 2.5%였으며, 향후 연준의 대응 정책은 더 효과적일 것으로 보이므로 미래 인플레이션을 예컨대 연 3%로 예상하면 합리적일 듯하다.

주식 투자가 인플레이션을 방어할 수 있기 때문에 채권 투자보다 유리할까? 1915~1970년 다우지수 상승률 연 4%에 배당 4%를 더하면 총수익률 연 8%였는데, 같은 기간 채권에 투자했을 때 나온 수익률보다는 높았다. 하지만 1973년 현재의 채권 수익률보다는 못하다.

그렇다면 앞으로 주식 수익률이 지난 50년보다 높아질까? 그렇지 않다. 확실치 않기 때문이다. 인플레이션과 주가 사이에는 밀접한 상관관계가 없었다.

인플레이션과 기업의 이익

지금까지 기업의 ROE(자기자본이익률)는 인플레이션이나 생활비 증가율을 따라가지 못했다. 그러므로 ROE가 10%를 초과하기 힘들다고 보아야 한다. 인플레이션이 기업의 이익에 직접적으로 영향을 미치지는 않았지만, 이익을 재투자한 결과 기업의 이익은 증가세를 보였다. 완만한 인플레이션 기간에는 기업의 실적이 더 좋아지는 것처럼 보이지만, 실제로 기업의 수익력이 높아지는 것은 아니다. 십중팔구 생산성 상승률보다 임금 상승률이 더 높아지며 자본도 더 투입해야 하기 때문이다. 그 결과 인플레이션 탓에 부채는 5배 증가했지만 이익은 겨우 2배 증가했다. 주주들이 인플레이션 덕을 본 것은 거의 없었다.

부채가 급증하는 현상은 심각한 문제다. 1950년에는 세전이익이 부채의 30%였으나 1969년에는 부채의 13.2%로 감소했다. ROE를 유지하려고 부채를 늘린 듯하다.

다우지수 편입 종목에서 8%가 넘는 수익률을 기대하기

힘들다. 그나마 수익률도 일정하거나 개선되지 않을 것이다. 주가가 유별나게 오르내린다고 당황할 것 없다.

다른 인플레이션 헤지 자산

1935년 이래 미국인은 금 보유가 법으로 금지되었다. 1972년 이전까지 35년간 금 가격은 온스당 35달러에서 48달러로 상승했지만, 금에 투자해서는 소득은커녕 보관 비용만 발생해서 예금보다도 못했다.

미술품, 보석 등에 투자해서 높은 수익을 거둔 사람도 있지만 아마추어가 함부로 뛰어들 시장이 아니다. 반면에 부동산은 인플레이션을 방어하지만 가격 등락이 매우 심하다는 문제가 있다.

결론

미래가 불확실하기 때문에 한 바구니에 모든 자금을 담아서는 안 된다. 특히 투자 포트폴리오로 생계를 해결하려는 사람은 뜻밖의 상황에 대비하고 위험을 최소화해야 한다. 주식 투자로 인플레이션을 완벽하게 방어한다고 말할 수는 없지만 그래도 채권보다는 유리하다. 모든 재산을 채권에 투자하는 것이 가장 위험하다.

03

지난 100년간 주식시장의 역사

1972년 초의 주가 수준

투자자는 주식시장의 역사를 잘 파악하고 있어야 한다. 주가가 오랫동안 상승을 지속하면 다시는 하락할 것 같지 않지만 이는 위험한 생각이다. 또 주식시장이 언제 오르내릴지 예측할 수 없는데도 사람들은 부질없이 이를 예측하려고 시도한다.

투자자는 주식시장의 역사를 알아야 한다. 지난 100년간 주가의 흐름을 알아야 하고, 주가와 이익과 배당의 관계도 알아야 한다.

1871년부터 100년간 강세장과 약세장이 19회 나타났다. 특히 3구간으로 나누어 볼 수 있다. 1900~1924년에는 3~5년짜리 소형 주기가 반복되었는데 기간 중 주가 상승률은 연 3%였다. 1924년에 초대형 강세장이 시작되었으나 1929년 무지막지한 시장 붕괴가 발생하고서 1949년까지 불규칙하게 주가가 오르내렸다. 기간 중 주가 상승률은 고작 연 1.5%였다. 그러나 1949년 중반부터 1966년 초까지는 배당 연 3.5%를 제외해도 연 11%에 이르는 수익률을 기록했다. 그래서 주가가 다시는 하락하지 않을 것으로 다들 믿었지만 매우 위험한 생각이었다.

1972년의 주가 수준

다우지수가 1948년 180에서 1953년 50% 이상 상승한 275에 도달했을 때 너무 높은 수준이 아닌지 우려했다. 하지만 거기서 100% 더 상승하여 1959년 584에 도달했다. 위험한 수준이라고 보았지만 계속 상승하여 1961년 685에 이르렀다. 이후 566으로 하락했다가 735로 고점을 찍은 후 1962년 536까지 27%나 하락했다. 이때 인기 성장주 IBM은 50%나 급락했고, 급등했던 중소형주들은 90%까지도 폭락했다. 투자자라고 자처하는 사실상 투기꾼들이 터무니없게 주가를 밀어올린 결과였다. 그러나 황당하게도 1964년 지수가 892로 회복되었다. 이후 다우지수는 995까지 상승했으나 1970년 632로 하락했다가 839로 마감했다. 이때도 급등주들은 90% 가까이 폭락했다. 나에게도 시장을 예측하는 능력은 없다. 오를 만한 종목을 선정해서 초과수익을 올리려고 해서는 안 된다.

04

일반 포트폴리오 전략
방어적 투자자

인간의 본성 탓에 주식과 채권 사이의 자산 배분을 실행하기는 쉽지 않다. 목표 수익률은 투자자가 기꺼이 투입할 수 있는 지적 노력의 양에 비례해야 한다. 우량 채권과 다우지수 종목 사이에서 자산을 배분하는 기준으로 이익수익률을 사용할 수 있다. 현재 채권 투자 기회를 바탕으로 채권 선정 방법도 논의한다.

포트폴리오는 투자자의 성격을 반영해서 구축해야 한다. 위험을 감수할 수 없는 사람은 최소한의 수익률에 만족해야 한다. 그렇다고 해서 기대수익률이 위험에 따라 결정되는 것은 아니다. 기대수익률은 투자 결정에 들이는 노력에 좌우된다고 보아야 한다.

주식-채권 자산 배분의 기본 문제

주식과 채권에 각각 50%씩 비중을 두는 방법이 손쉬운 전략이다. 그러나 시장 상황에 따라 비중을 25~75%에서 조절하는 편이 좋다. 예를 들어 약세장 바닥에서는 주식의 비중을 75%까지 높이고 채권은 25%만 보유한다. 그러나 인간의 본성은 시장의 흐름을 따라가려 하므로 이 방식을 실행하기는 쉽지 않다. 사실은 펀드를 운용하는 투자 전문가들도 이렇게 하기가 어렵다.

예를 들어 대학 기금 운용 관리자 중에도 강세장의 유혹

을 견뎌내지 못한 사람들이 있다. 진정한 방어적 투자자라면 주가가 상승할 때는 포트폴리오의 절반인 주식에서 나오는 이익으로도 만족하고, 주가가 하락할 때는 과감하게 투자하는 친구들보다 손실이 훨씬 적다는 사실에 큰 위안을 얻는다.

채권

여기서는 a) 과세채권과 비과세채권, b) 단기채권과 장기채권을 비교 분석한다. 과세채권과 비과세채권 중 선택하는 문제는 세무 전문가와 상담하면 쉽게 해결할 수 있다. 그러나 단기채권과 장기채권 중 선택하는 문제는 투자자가 직접 해결해야 한다.

소액 투자자에게는 미국저축채권이 가장 이상적인 상품이다. 거액 투자자에게는 다른 대안이 있다.

“

건전한 주식 포트폴리오도
시가 평가액이
오르내리는 법이다.

급락해도 걱정하지 말고
급등해도 흥분하지 말아야 한다.

”

- **미국저축채권 시리즈 H :** 연 2회 이자를 지급하며, 첫해에는 수익률이 4.29%이고 이후 만기까지 9년 동안은 연 5.10%다.
- **미국저축채권 시리즈 E :** 액면가의 75%에 판매된다. 이자를 지급하지 않고 대신 만기에 액면가의 100%로 상환해주며, 중도에 상환하면 상환액이 감소한다. 이렇게 유리한 상품은 어디에도 없다. 원리금 지급이 확실하게 보장되고, 중도에 언제든 상환받을 수 있으며, 적어도 10년 동안 5% 금리가 보장된다. 연방소득세는 내야 하지만 주(州)소득세는 면제되며 과세도 이연된다.
- **기타 국채 :** 국채는 종류가 다양하다. 모두 연방정부가 지급을 보증한다. 연방소득세는 내야 하지만 주(州)소득세는 면제된다. 정부가 보증한 주택채권은 둘 다 면제된다.
- **지방채 :** 연방소득세가 면제되고, 채권이 발행된 주(州)에서는 주소득세도 면제되지만, 다른 주에서는 면제되지 않는다. 채권마다 안전성이 다르므로 신용등급을 참고해야 한다. 신용등급이 A이면 대체로 안전하다.

- **회사채**: 연방소득세와 주소득세를 모두 내야 한다.
- **하이일드채권**: 하이일드채권은 수익률은 높으나 신용등급이 낮으므로, 부도 가능성과 높은 수익률 사이에서 균형점을 찾아야 한다.
- **저축은행예금Savings Deposits in Lieu of Bonds**: 금리가 단기채권과 비슷하다.
- **전환사채**: 16장 참조.
- **콜옵션부 채권**: 채권 발행자가 만기 전에 상환할 수 있는 권리가 붙은 채권이다. 채권 발행자 입장에서는 자신에게 유리하고 투자자에게 불리한 시점에 상환하려 할 것이므로, 콜옵션이 붙지 않은 채권이 투자자에게 유리하다.

우선주

회사가 우선주 배당을 임의로 중단할 수 있으므로, 우선주는 가격이 쌀 때만 매수해야 한다. 당기에 받지 못한 배당을

차기에도 보상받지 못하는 우선주를 비누적적 우선주라고 부른다. 이런 우선주는 특히 더 조심해야 한다.

기타 유가증권

유가증권은 유형이 매우 다양하고 시점과 지역에 따라 부과되는 세금이 달라지므로 투자자의 이해관계도 달라진다. 정보가 부족한 상태에서는 함부로 투자하면 안 된다.

05

방어적 투자자와 주식

방어적 투자자가 주식을 선택할 때는 4가지 원칙을 지켜야 한다. 투자 상품을 선택할 때는 자신의 처지도 고려해야 한다. 투자자는 위험 개념을 정확하게 이해해야 한다. 증권시장에서는 '위험'과 '안전'을 일상생활과는 다른 의미로 사용하므로 혼동하기 쉽다.

주식의 장점

이 책이 처음 출간된 1949년에는 주식 투자는 매우 위험하다는 분위기였다. 나는 그래도 주식을 포트폴리오에 포함해야 한다고 사람들을 열심히 설득해야만 했다. 그러나 20년이 지나자 상황이 역전되었다. 그동안 주식이 승승장구했으므로 사람들은 주식이 안전하다고 착각했다. 1929년 주식시장이 붕괴한 이후 회복되기까지 20여 년이나 걸린 적도 있었다. 1957년에는 물가 상승과 배당수익률 하락 탓에 주식이 채권보다 불리해졌다. 1971년에는 다우지수가 900에 도달하여 주식에 열광할 이유가 없으므로 방어적 투자가 바람직하다.

주식 투자의 원칙

1. 10~30종목으로 적절하게 분산투자하라.

2. 재무 구조가 건전한 대형 우량주를 선택하라.

3. 20년 이상 배당을 계속 지급한 기업을 선택하라.

4. 7년 평균 PER(주가수익배수)이 25 미만이고 최근 12개월 PER은 20 미만인 기업을 선택하라. 이런 기준을 적용하면 인기 성장주들은 제외될지도 모른다.

성장주와 방어적 투자

성장주는 EPS 증가율이 시장 평균보다 훨씬 높고, 10년이면 EPS가 2배까지도 예상되는 종목이다. 그런데 성장주는 고PER이므로 투기성이 강하다. 1961~1962년과 1969~1970년 약세장에서는 최우량 성장주라도 손실이 50%나 발생했다.

그러므로 성장주는 방어적 투자자가 보유하기에는 지나치게 위험하다. 장기적으로는 현재 소외된 대형주가 더 유리할 것이다.

포트폴리오 변경

증권사들은 고객에게 포트폴리오 분석 서비스를 제공하고 있다. 적어도 1년에 한 번은 적절한 투자상담사를 선택해서 이 서비스를 받는 편이 좋다.

정액매수적립식

한 종목에 일정 기간마다 일정 금액을 투자하라. 다우지수 종목에 정액매수적립식으로 투자했을 때의 실적이 발표되었다. 1919~1952년을 10년 단위로 묶어서 23개 기간의 실적을 분석했더니 평균 수익률은 배당을 제외하고도 21.5%에 달했다.

투자자 개인의 상황

1. **자녀 딸린 과부가 유산으로 일정 금액을 받은 경우**: 방어적 투자가 필수이니 국채와 최우량 주식을 보유한다. 약세장 바닥이라면 주식 비중을 75%까지 높일 수 있다. 투기를 해서는 절대로 안 된다.
2. **저축이 많고 안정적 소득이 있는 중년 의사**: 투자에 시간을 쏟으려 하지 않는다면 방어적 투자를 선택해야 한다. 의사들은 투자에 필요한 시간을 내기 어려우므로 투자 실적이 형편없다고 소문났다. 투자를 배우려고 노력하지도 않으면서 자신의 투자 실력을 과신하는 의사도 있다.
3. **소득이 보통 수준이고 저축 여력이 있는 젊은이**: 저축 일부는 미국저축채권 시리즈 E에 투자하고 나머지는 방어적 투자에 사용한다.

진지하게 배우려는 초보 투자자라면 초과수익을 내려고

해서는 안 된다. '가치 대비 가격'에 주목해서 소액을 투자하면서 경험을 통해 배워야 한다.

종목은 자금력이 아니라 금융 지식, 기질, 경험을 기준으로 선정해야 한다.

'위험' 개념

증권시장에서는 '위험'과 '안전'을 일상생활과는 다른 의미로 사용하므로 혼동하기 쉽다.

여기서 위험과 안전은 투자자가 아니라 금융상품에 적용되는 개념이다. 미국 국채는 본질적으로 위험이 없지만 다른 채권은 원리금을 받지 못할 위험이 있다. 전반적인 시장 흐름에 따라 개별 주식이나 채권 가격이 하락할 때는 그 종목이 위험하다고 하지 않는다. 이때는 그 종목을 매도할 필요가 없으므로 손실이 발생하지 않는다.

재무 구조가 건전한 유명 대기업

방어적 투자자는 이런 종목을 매수해야 한다. 업계 선두 주자로서 오래전부터 확고하게 자리 잡았고 규모가 3~4위 안에 드는 회사다. 그러나 이는 지침에 불과하며, 절대적 기준은 아니다.

06

공격적 투자자의 포트폴리오 전략
삼가야 할 투자

여기서는 공격적 투자자가 하지 말아야 할 행위에 초점을 맞춘다. 우량 증권 외에는 모두 가격이 쌀 때만 매수해야 한다. 포트폴리오는 우량 등급 채권과 다양한 대표주로 단순하게 구성하는 편이 좋다.

공격적 투자자의 포트폴리오도 처음에는 방어적 투자자와 마찬가지로 우량 등급 채권과 우량주로 구성해야 한다. 이후 다른 증권을 추가할 수 있지만 반드시 충분한 근거를 확보해야 한다. 공격적 투자자는 다음 행위를 주의해야 한다.

- 우량 등급 우선주는 기관투자가들의 몫이므로 건드리지 않는다.
- 비우량 등급 채권과 우선주는 가격이 싸지 않으면 매수하지 않는다.
- 수익률이 높더라도 외국 국채는 피한다.
- 신규 종목은 조심한다.
- 최근 실적만 뛰어난 주식도 피한다.
- 채권을 매수할 때는 방어적 투자자와 똑같은 방식을 사용한다.

비우량채권과 우선주

1971년 우량 회사채 수익률은 7.25%였으므로, 비우량 회사채를 똑같은 수익률에 매수한다면 이치에 맞지 않는다.

신용등급이 낮은 회사들이 신주인수권이 첨부된 '신주인수권부사채'를 발행했다. 그 결과 신주인수권이 없는 비우

량 회사채의 가격이 매력적인 수준으로 하락했다. 그러나 이런 채권도 매수할 필요가 없다. 위험이 더 낮은 회사채를 비슷한 가격에 매수할 수 있기 때문이다.

투자자들은 이자를 받으려고 채권을 매수하기 때문에, 더 높은 이자를 주는 비우량 채권에 유혹을 느낀다. 그러나 과거 사례에 비추어 보면 비우량 채권을 매수하는 것은 현명한 선택이 아니었다. 시장이 침체하면 비우량 채권은 흔히 원리금 지급을 연기하는 탓에 가격이 하락했기 때문이다. 예를 들어 철도채권 가격은 1946년 고가 평균 103에서 1947년 저가 평균 68로 폭락했다. 철도회사들은 여전히 수익성이 좋았지만, 시장이 전반적으로 침체하자 철도채권 가격도 하락했다. 사람들은 국채보다 조금 더 높은 수익률을 얻으려고 철도채권을 매수했지만 손실률이 다우지수 하락률보다도 더 컸다. 연 수익률을 1~2% 더 높이려고 막대한 원금 손실 위험을 떠안는 것은 어리석다. 채권 가격이 액면가보다 훨씬 낮다면 모를까, 프리미엄이 붙은 상태라면 절대로 타당한 선택이 아니다.

시장 상황이 악화하면 비우량 채권과 우선주는 거의 모두 폭락한다. 반면 상황이 다시 호전되면 이들 대부분이 회복되며 결국 '만사가 잘 풀린다'. 이런 특성을 잘 이용하면 높은 수익을 얻을 수도 있다.

과거 시장이 침체했을 때 가격이 70까지 하락했던 증권을 100에 매수하는 행위는 상식에 어긋난다.

외국 국채

두 차례 세계대전과 대공황을 거치고도 외국 국채에 대한 평판은 개선되지 않았다. 장래에도 외국 국채가 달라진다고 기대할 근거가 없다. 호주와 노르웨이 국채는 확실히 안정적이었지만, 쿠바 국채는 액면가 1달러당 20센트까지 내려간 적이 있고, 그리스와 폴란드 국채도 비슷하게 폭락한 적이 있다. 미국인은 외국 국채 대신 미국 국채에 투자하는 편이 나을 것이다.

“
용기 있게
지식과 경험을 활용하라.

투자에서는 지식과 판단력이
충분할 때만
용기가 최고의 장점이 된다.
”

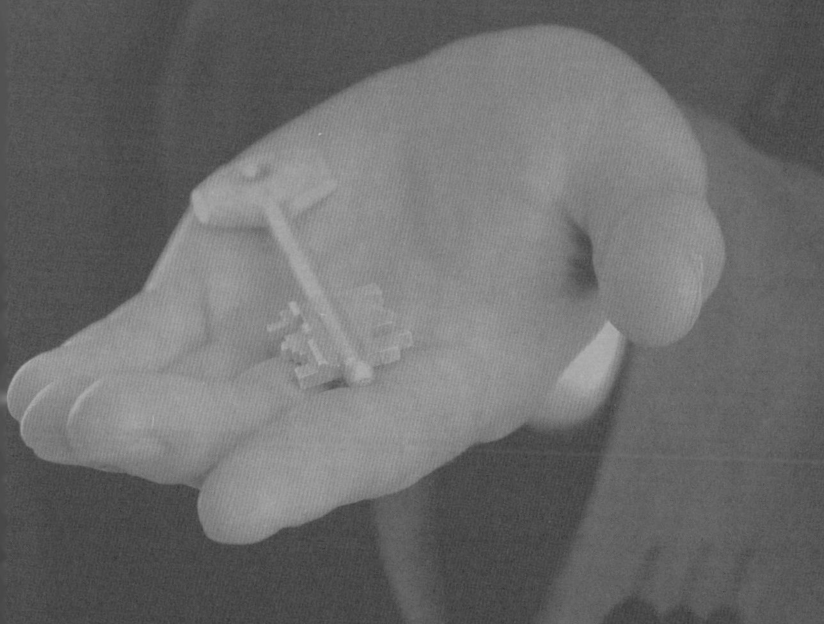

신규 발행 증권

신규 발행 증권은 모두 경계해야 한다. 시장 상황이 발행자에 유리한 시점에 나오며, 증권회사들이 탁월한 판매 수완을 발휘해서 매수를 권유하기 때문이다.

비상장회사들은 강세장이 오면 앞을 다투어 주식을 발행하지만, 약세장이 오면 이런 주식에서 가장 큰 손실이 발생한다.

신주 공모

신주는 기존 상장회사가 발행할 수도 있고, 비상장회사가 기업을 공개하면서 발행할 수도 있다. 주식을 발행하는 비상장회사들은 대개 규모가 작고 위험이 크다. 이들은 강세장일 때 주식을 발행하지만, 약세장이 오면 생존하지 못할 수도 있다. 이들이 발행하는 신주는 기존 대기업의 주식보

다 가격이 높으므로 나중에 공모가의 75%나 하락할 수도 있고 내재가치보다 더 내려갈 수도 있다.

이런 신주에 휘말려서는 안 된다. 1달러 벌고 2달러 손해 본 사람도 운이 좋은 편이다. 그러나 몇 년 뒤 신주가 소외당해 내재가치보다 훨씬 내려갔을 때 매수한다면 높은 수익을 거둘 수도 있다.

07

공격적 투자자의 포트폴리오 전략

해볼 만한 투자

공격적 투자자는 순자산가치보다 낮은 가격에 대형주를 매수할 때 높은 수익을 얻을 수 있다. 업종 대표주가 아니라면 낮은 가격에 매수해야 한다. 투자자는 자신이 공격적 투자자인지 방어적 투자자인지를 분명히 선택해야 한다. 절충형은 선택할 수 없다.

주식 매매

공격적 투자자의 주식 매매 네 종류는 다음과 같다.

1. 주가지수가 낮을 때 매수해서 높을 때 매도
2. 신중하게 선정한 '성장주' 매수
3. 다양한 염가 종목 매수
4. '특수 상황' 종목 매수

일반 시장 전략-시점 선택 공식

시장이 바닥일 때 주식을 매수해서 시장이 정점일 때 매도할 수 있으면 좋겠지만, 평범한 투자자는 이런 방식으로 시점 선택을 할 수가 없다. 기술적 지표를 활용해서 보유 주식의 비중을 조절하는 공식이 한때 사용되기도 했지만 이제는 그런 공식이 존재하지 않는다.

성장주 투자

성장주란 지금까지 실적이 시장 평균을 초과했고 앞으로도 계속 초과할 것으로 기대되는 종목을 말한다. 그렇다면 당연히 성장주에 집중적으로 투자해야 하겠지만, 성장주 투자에는 다음과 같은 문제가 있다.

1. 실적도 좋고 전망도 밝은 주식은 가격이 높다.
2. 투자자의 예측이 빗나갈 수 있다. 고속 성장은 영원히 이어질 수 없으므로 언젠가 성장세가 둔화할 것이다.

10년 이상 운용된 성장주 펀드 45개의 1961~1970년 수익률 평균은 108%였다. 같은 기간 S&P500지수는 105%, 다우지수는 83%였다. 그러나 1969년과 1970년에는 126개 성장주 펀드 대부분의 수익률이 S&P500지수와 다우지수보다 낮았다. 성장주에 분산투자했을 때 나온 실적이 지수보다 탁월하지는 않았다는 뜻이다.

일반인이 성장주에 투자해서 얻는 실적이 성장주 펀드를 능가하기는 어렵다. 따라서 일반인은 성장주에 투자해도 유리하지 않다.

성장주는 투기꾼들의 영향 탓에 GE나 IBM 같은 초대형주도 가격 변동이 심하므로 매우 위험하다.

물론 성장주에 투자해서 거금을 번 사람도 있지만 대부분 회사와 긴밀한 관계를 유지하는 대주주들이었다. 이런 관계가 없는 일반 투자자는 성장주로 성공하기가 어렵다.

공격적 투자자에게 추천하는 세 분야

초과 실적을 얻으려면 원칙을 세워 실행하고 대중과 반대 방향으로 가야 하므로 다음 세 가지 기법을 추천한다.

소외된 대형주

성장률이 낮고 따분한 기업은 시장에서 상대적으로 저평

가되기 쉽다. 따라서 경영 상태가 좋고, 재무 구조가 건전하고, 실적 개선 전망이 밝으면서, 현재 시장에서 소외된 대기업 주식에 집중적으로 투자하는 방법이 있다.

위 가정을 검증하려고 (전년도 PER을 기준으로) 가장 소외된 저평가 다우지수 종목의 53년간 실적을 분석해보았다. 1917~1933년에는 소외 종목의 수익률이 더 낮았다. 그러나 1933~1969년 기간 중 저PER 종목의 실적이 다우지수보다 확실히 더 나빴던 해는 3년에 불과했다. 반면 실적이 비슷했던 해는 6년이었고, 확실히 더 좋았던 해는 25년이었다. 1936년에 저PER 종목에 1만 달러를 투자하고 매년 저PER 종목으로 교체해서 보유했다면 1962년에는 6만 6,900달러가 되었다. 같은 기간 (PER이 가장 높은) 고평가 종목에 1만 달러를 투자했다면 2만 5,300달러가 되었고, 다우지수 종목 전체에 투자했다면 4만 4,000달러가 되었다. 1968~1971년에는 이런 결과가 나오지 않았다.

그러나 (회사의 전망이 어두워지는 등) 간혹 이례적인 상황 탓에 PER이 낮아지는 종목도 있으므로, 저PER 종목을 선정할 때 유의해야 한다.

염가 종목

모든 요소를 고려해도 내재가치보다 싸 보이는 주식이나 채권이 있다. 그러나 주가가 내재가치보다 50% 이상 낮아야 염가 종목이라고 볼 수 있다.

염가 종목인지 판단하려면 내재가치를 추정해야 한다. 내재가치는 미래이익을 예상한 다음 이를 적정 자본화계수로 할인해서 추정한다. 기업이 보유한 현금화 가능 자산을 평가하는 방법도 있다.

염가 종목은 시장이 저점에 도달했을 때 가장 흔하게 나타난다. 시장은 사소한 문제에도 과민 반응하는 경향이 있으므로, 기업의 당기 실적이 부진할 때가 좋은 기회가 되기도 한다.

그러나 부진한 당기 실적이 이후 개선될 것인지는 나중에 가서야 알 수 있다. 따라서 지난 10년 동안 이익이 안정적이었고, 재무 구조가 건전하며, 경영진이 유능한 기업을 선

택해야 한다.

주가는 기업의 자산가치 밑으로 떨어지기도 한다. 1957년에는 그런 기업이 150개였다. 이후 2년 동안 S&P지수 상승률은 50%였지만 염가 종목들의 상승률은 평균 75%였으며, 하락 종목이 하나도 없었다. 이제는 염가 종목을 찾기가 더 어려워졌지만 그래도 여전히 염가 종목은 존재한다.

한편 '비우량주'는 '주요 산업의 대표주'를 제외한 주식으로 정의된다. 비우량주는 1931~1932년 시장 붕괴 기간에 우량주보다 더 폭락했으므로 이후 대중에게 소외되어 주가가 낮은 상태에 머물렀다. 이들 중 일부는 염가 종목에 해당한다.

비우량주는 규모가 대기업보다는 작지만 비상장기업들보다는 크므로, 사업을 계속 유지하면서 양호한 ROE를 충분히 낼 수 있다.

제2차 세계대전 이후에는 중소형주의 실적이 다우지수의 대형주를 능가하기도 했다. 1938년 말에서 1946년 고점까지 다우지수가 겨우 40% 상승하는 동안, 비우량주가 대부분인 S&P지수는 자그마치 280%나 상승했다. 1961~1968년에도 전자, 컴퓨터, 프랜차이즈 등 신개념 기업들이 등장하면서 중소형주 강세 현상이 다시 나타났다. 그러나 이후 시장이 침체하자 이들 일부는 과도하게 하락해서 염가 종목이 되었다.

염가 종목을 선택하는 이유는 다음과 같다. (그러나 채권에서는 염가 종목을 찾아내기가 훨씬 더 어렵다.)

1. 배당수익률이 상대적으로 높다.
2. 유보이익의 재투자수익률이 높다.
3. 강세장에서 실적이 좋다.
4. 주가가 저평가 상태에서 합리적인 수준까지 상승할 수 있다.
5. 기업의 전략 변경, 경영진 교체 등에 의해 실적이 개선될 수도 있다.

특수 상황이나 워크아웃(기업의 재무 구조 개선 작업)

대기업은 업종 안팎에서 다른 기업을 인수하여 사업 영역을 확장하기도 한다. 대기업은 대개 시장가격보다 높은 가격을 주고 인수한다.

"소송에 휘말린 회사 주식은 절대로 매수하지 말라"라는 말이 있듯이, 뒤집어 보면 소송과 관련된 주식은 시장에서 저평가되는 경향이 있다. 노련한 투기꾼이라면 이런 기회를 이용할 수 있으나, 대부분의 공격적 투자자는 이용할 수 없다.

일반적 투자 원칙

공격적 투자와 방어적 투자 사이에서 절충형 투자를 선택할 여지는 없다. 즉 공격적 투자나 방어적 투자 중 하나를 분명하게 선택해야 한다. 공격적 투자를 선택한다면 가치평가 기법을 익히고, 기업을 소유하듯이 주식을 보유해야 한다.

'반쪽 기업인'이 되어 절반의 수익률을 기대할 수는 없다. 따라서 대부분의 사람들은 방어적 투자를 선택하여 방어적 포트폴리오에서 나오는 수익에 만족해야 한다. 즉 안정성을 중시하고, 선택 기준은 단순하며, 만족스러운 실적을 약속받아야 한다. 복잡하거나 이색적인 투자는 삼가야 한다.

반면 공격적 투자자는 자신의 강점을 이용해서 투자할 수 있다. 그러나 일반 우선주, 비우량주, 공모주를 제값을 다 치르고 매수해서는 곤란하다. 액면가보다 훨씬 낮은 염가일 때만 매수를 고려해야 한다. 과거 사례를 돌아보면 비우량주는 염가에 매수할 때만 만족스러운 실적을 기대할 수 있기 때문이다.

"

투자자는
자신이 공격적 투자자인지
방어적 투자자인지를
분명히 선택해야 한다.

절충형은 없다.

"

08

투자와 시장 변동

현명한 투자자는 시장 변동을 환영해야 한다. 가격과 가치의 괴리를 이용해서 이득을 볼 수 있기 때문이다. 그러나 주가가 낮은 시점에 매수하고 높은 시점에 매도하려는 시점 선택을 함부로 시도해서는 안 된다. 시장 변동에 대응하고자 한다면 저PBR 종목 등 주가보다 내재가치가 높은 종목에 투자하는 방법이 있다.

시장이 고점이나 저점에 도달한 것처럼 보이더라도 성급하게 매매해서는 안 된다. 투자자는 기업의 동업자처럼 행동해야 한다. 매일 주가를 알고 싶어 하거나 새로운 동업자를 찾으려 해서는 안 된다. 채권의 가격은 예측할 수 없지만, 노련한 투자자라면 채권 유형별로 가격 변동의 상대적 크기는 예측할 수 있다.

증권 가격은 언제든 변동할 수 있으므로 투자자는 금전적 손실과 심리적 충격에 대비하고 있어야 한다. 미국저축채권은 언제나 액면가를 지킬 수 있다. 우량 등급 단기채권은 장기채권보다 가격 변동이 작다. 그러나 주식은 시장 흐름에 따라 가격 변동이 심하다.

이런 가격 변동이 사람들의 투기 욕구를 자극한다. 투기를 자제하라고 말하기는 쉽지만 실제로 자제하기는 쉽지 않다. 투기를 하고 싶다면 우선 십중팔구 손실을 본다는 점을 분명히 인식해야 한다. 그리고 반드시 손실 한도를 정해두어야 하며, 투자용 계좌와 확실하게 구분해야 한다.

시장 변동을 이용한 투자

사람들은 시점 선택이나 가격 선택을 이용해서 수익을 얻으려 한다. '시점 선택**timing**'은 주가가 낮은 시점에 매수해서, 주가가 높은 시점에 매도하려는 시도다. '가격 선택**pricing**'

은 주식을 적정 수준보다 낮은 가격에 매수해서 적정 수준보다 높은 가격에 매도하려는 시도다.

단기간에 돈을 벌려는 투기꾼은 시점 선택을 하지만, 기회를 기다릴 수 있는 투자자는 가격 선택을 한다. 일반 대중이 시장을 예측해서 돈을 벌 수 있다고 생각한다면 터무니없는 착각에 불과하다.

시점 선택에는 흔히 기술적 분석 기법이 사용된다. 기술적 분석 기법이 일시적으로 괜찮을 때도 있지만 사용자가 많아지면 타당성을 상실하게 된다. 기술적 분석 기법에서 나오는 시점 선택 신호에 따라 매매한 트레이더보다 포트폴리오를 계속 보유한 사람의 실적이 더 좋았다.

'저가 매수 고가 매도' 기법

일반 투자자는 주가 흐름을 예측할 수 없으므로 저가 매수 고가 매도 기법을 사용할 수가 없다.

1897~1949년 시장 흐름을 돌아보면 완벽한 시장 주기가 11회 나타난다. 4년 이하 주기가 6회, 6~7년 주기가 4회, 11년(1921~1932) 주기가 1회였다. 상승장에서 주가 변동 비율은 44~500%였는데 대부분 50~100% 수준이었다. 이후 하락장에서 주가 변동 비율은 24~89%였고 대부분 40~50%였다. 그러나 주가가 50% 하락한 다음 이전 수준을 회복하려면 100% 상승해야 한다.

거의 모든 강세장에서 나타난 특징은 다음과 같다.

1. 주가가 역사적 고점 도달
2. 높은 PER
3. 배당수익률이 채권 수익률보다 낮아짐
4. 신용거래 증가
5. 비우량 신주 발행 증가

되돌아보면 '저가 매수 고가 매도' 전략으로 돈을 벌 수 있을 듯하지만, 실제로는 변칙적인 주가 흐름 탓에 그렇게 하기가 어려웠다. 따라서 주식의 내재가치를 고려해서 주식과 채권의 비중을 조절하는 정도가 현실적인 방법이다.

공식에 의한 투자

공식에 의한 투자는 사전에 정해둔 원칙에 따라 주식을 매매하는 기법이다. 예를 들어 주가가 대폭 상승하면 주식을 자동으로 매도하는 방식이다. 그러나 1950년대에 이 기법을 따랐다면, 주식을 모두 판 다음에도 주가가 계속 상승했을 것이다.

매우 단순해서 사람들이 모방하기 쉬운 투자 기법은 오래가지 못하는 법이다.

포트폴리오의 시가 평가액 변동

보유 주식의 시가 평가액은 끊임없이 오르내린다. 그리고 일반적으로 비우량 주식은 우량 주식보다 변동이 더 심하다. 향후 5년 동안 다양한 시점에 보유 종목 대부분이 저가에서 50% 이상 상승했다가 고가에서 3분의 1 이상 하락할 것이라고 받아들이는 편이 낫다.

주가가 대폭 상승하면 투자자는 매매 충동을 느끼기 쉽다. 이때 주식을 매도해야 할까? 아니면 일반 대중처럼 과신에 빠져 주식을 더 매수해야 할까?

함부로 매매해서는 안 된다. 인간의 본성은 취약하므로, 충동에 휘말려 매매하지 않도록 유의해야 한다. 주가가 상승하면 고평가된 주식 일부를 매도해서 채권 비중을 높이고, 주가가 하락하면 채권 일부를 매도해서 주식 비중을 높이는 방식이 좋다.

기업의 가치와 시가총액

주식의 시가총액은 그 기업의 내재가치(순자산가치)에서 크게 벗어날 수도 있다. 기업의 '순자산가치'란 실물자산과 금융자산 등 기업이 현금화할 수 있는 자산의 가치를 말한다. 그러나 주식의 시가총액은 순자산가치보다 훨씬 커질 수 있으며, 기업이 성공적일수록 그 차이가 벌어지는 경향이 있다. 매우 성공적인 기업의 주식에는 투기 요소가 많아서, IBM과 제록스Xerox 같은 기업의 주가는 큰 폭으로 변동하기가 쉽다.

그러므로 시가총액이 순자산가치보다 3분의 1 이상 높은 주식, 즉 PBR(주가순자산배수)이 1.33 이상인 주식은 매수하지 않는 편이 좋다. 그렇다고 해서 시가총액이 순자산가치와 비슷한 주식이 반드시 유망하다는 뜻은 아니다. PBR이 만족스러우면서, 재무 구조가 건전하고, 장기 수익성 전망도 밝은지 확인해야 한다. 이런 주식은 시가총액에 '투기 프리미엄' 비중이 크지 않으므로 주가 변동도 상대적으로 크지 않을 것이다. 현재 다우지수 종목 중에는 이 요건에 맞는 우량주가 많다.

A&P 사례

그레이트 애틀랜틱 앤드 퍼시픽 티**Great Atlantic & Pacific Tea Co.(A&P)**는 지명도가 낮은 회사다. 주식이 처음 발행된 1929년에는 주가가 494달러였다. 이후 주식시장이 침체하자, 이 회사는 실적이 좋았는데도 주가가 104달러로 떨어졌다. 1936년에는 주가가 111~131달러였고, 1938년 침체기에는 36달러까지 폭락했다. A&P는 1938년 당시 미국 최대 소매업체였는데도, 주로 대공황의 공포 탓에 시가총액이 순자산가치보다도 훨씬 낮았다.

이후 추이

1939년에는 주가가 3배로 뛰었고, 1961년에는 주식 분할

을 고려하면 주가가 705달러까지 치솟았다. 당시 다우지수 종목 평균 PER은 23이었지만 이 종목은 30이었다. 이후 주가는 계속해서 대폭 하락했고 1972년에는 적자를 기록했다.

여기서 두 가지 교훈이 나온다. a) 주식시장의 평가는 종종 빗나가므로 민첩하고 용감한 투자자는 이 기회를 이용할 수 있고, b) 장기간에 걸쳐 기업의 효율성은 개선될 수도 있고 악화될 수도 있으므로 기업의 실적을 계속해서 지켜보아야 한다는 것이다.

시장은 투자자에게 보유 주식을 매매하라고 절대로 강요하지 않는다. 그러나 주가 흐름에 지나치게 집중하다 보면 갑자기 매매 충동에 굴복하게 될 수도 있다. 이럴 바에는 차라리 주가 흐름을 모르는 편이 나을 것이다. 시세가 발표되지 않는 부동산을 보유한 사람은 가격 변동을 알지 못하므로, 부동산의 시가 평가액이 바뀌지 않았다고 생각한다. 그러나 이런 생각도 착각에 불과하다.

비상장기업의 주식을 보유한 동업자와, 상장기업의 주식을 보유한 투자자를 비교해보자. 매일 비상장기업의 동업

8942.08
8525.08
7691.08
7274.08
6857.08
4.37
6440.08
6023.08
5606.08
4772.08
4355.08

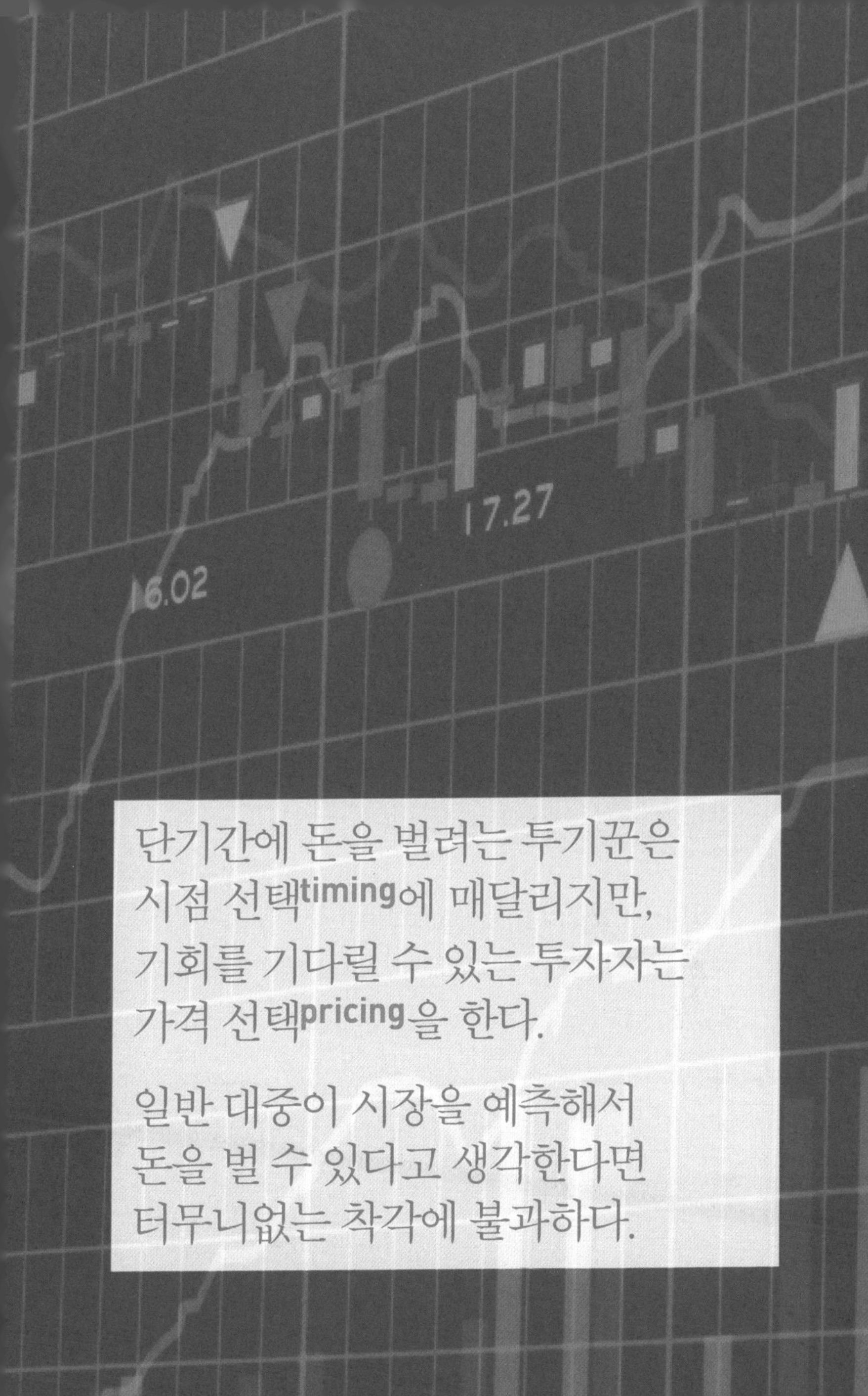

단기간에 돈을 벌려는 투기꾼은 시점 선택timing에 매달리지만, 기회를 기다릴 수 있는 투자자는 가격 선택pricing을 한다.

일반 대중이 시장을 예측해서 돈을 벌 수 있다고 생각한다면 터무니없는 착각에 불과하다.

자가 찾아와서 전날과 다른 가격에 주식을 매수하거나 매도하라고 제안한다면 당신은 어떻게 대응하겠는가? 동업자가 터무니없이 높은 가격에 매수하겠다고 할 때는 매도하고, 형편없이 낮은 가격에 매도하겠다고 할 때는 매수할 것이다. 현명한 투자자는 주가가 지나치게 높거나 낮을 때가 아니면 주가 흐름을 무시하고 기업의 영업 실적과 배당에 주목할 것이다.

정리

투자자와 투기꾼의 실제적인 차이는 주가 흐름을 대하는 태도에서 나타난다. 투기꾼은 주가 흐름을 예측해서 이익을 얻으려 한다. 그러나 투자자는 적정 가격에 주식을 매수해서 보유하려고 한다. 투자자가 주가 흐름을 중시하는 것은 주식을 싼 가격에 매수할 기회와 비싼 가격에 매도할 기회를 번갈아 만들어주기 때문이다.

일반 투자자는 주가가 충분히 하락할 때까지 고지식하게 매수를 미루어서는 안 된다. 예상과 달리 오랜 기간 기다려야 할지 모른다. 그러면 오랫동안 소득이 발생하지 않을 수도 있고, 좋은 투자 기회를 놓칠 수도 있다. 따라서 주가 수준이 주요 기준보다 지나치게 높지만 않다면, 일반 투자자는 여유 자금이 생길 때마다 주식을 매수하는 편이 낫다. 개별 종목 저가 매수 기회는 항상 존재하므로, 신중하게 투자하려 한다면 이런 기회를 찾아볼 수도 있다.

월스트리트는 전반적인 시장 흐름을 예측하려 할 뿐만 아니라 단기 유망 종목을 발굴하려고 많은 노력을 기울인다. 이런 노력이 그럴듯하게 보일 수도 있지만 진정한 투자자에게는 적합한 방식이 아니다. 수많은 트레이더 및 일류 애널리스트들과 경쟁을 벌여야 하기 때문이다. 주식의 내재가치보다 주가 흐름을 중시하던 모든 사람이 그러했듯이, 이 방식에 매달린 똑똑한 사람들도 대개 아무 성과 없이 자멸의 길로 들어섰다.

건전한 주식 포트폴리오도 시가 평가액이 오르내리는 법

이므로, 급락해도 걱정하지 말고 급등해도 흥분하지 말아야 한다. 주가 변동을 이용해도 좋고 무시해도 괜찮다. 내가 편한 대로 하면 된다. 다만 주가가 상승하고 있기 때문에 매수하거나, 하락하고 있기 때문에 매도하면 절대로 안 된다. "급등 직후에는 절대로 매수하지 말고, 급락 직후에는 절대로 매도하지 말라"라는 격언을 따라야 한다.

기타 고려 사항

흔히 경영진은 자사 주가에 대해 책임이 없다고 주장한다. 그러나 결국 경영진이 훌륭하면 주가가 상승하고, 경영진이 무능하면 주가가 하락한다.

채권 가격의 변동

일반적으로 장기채권의 가격은 금리가 상승하면 대폭 하락하고 금리가 하락하면 대폭 상승한다. 그러나 월스트리트

에서 똑같은 일이 반복되는 경우는 없다.

채권 가격은 예측이 전혀 불가능하므로 자신의 성향에 맞춰 투자하는 수밖에 없다. 가격 하락을 감당하지 못하는 사람이라면 미국저축채권 시리즈 E나 H를 매수하면 된다. 그러나 가격 변동을 감수하고서라도 더 높은 수익을 얻고자 한다면 장기 회사채나 면세 지방채를 선택할 수 있다.

전환사채는 대개 신용도가 낮은 회사들이 발행하므로 가격 변동이 심하다. 따라서 높은 신용등급과 가격 안정성과 자본이득을 동시에 얻을 수는 없다.

가격 안정성을 원하는 사람은 낮은 수익에 만족해야 하고, 높은 수익을 원하는 사람은 가격 변동을 감수해야 한다. 여기서 가격 안정성과 수익성을 이상적으로 조합한 상품이 미국저축채권이라고 볼 수 있다.

09

펀드 투자

일반적으로 개인 투자자들의 실적은 펀드의 실적에 못 미친다. 전체적으로 보면 펀드의 실적은 시장 실적과 비슷하지만 개별 펀드의 실적은 천차만별이다. 이는 펀드의 투기 행위 탓으로 볼 수 있다. 펀드의 과거 실적은 미래 실적을 절대로 보장하지 않는다. 그렇더라도 펀드를 평가하는 가장 좋은 방법은 침체기의 실적을 측정하는 것이다.

금융회사 직원들이 적극적으로 권유하는 펀드는 '개방형 펀드'로서, 순자산가치로 환매할 수 있는 상품이다. 반면 '폐쇄형 펀드'는 환매할 수 없는 상품으로서, 상장주식처럼 증권시장에서 거래되며 거래 가격이 변동한다. 이런 펀드들은 증권거래위원회SEC의 감독을 받는다.

펀드는 다양한 방식으로 분류된다.

주식형 펀드는 주로 주식으로 구성되고, 혼합형 펀드는 주식과 채권으로 구성된다.

펀드가 추구하는 목적에 따라서도 구분되는데, 예를 들면 수익성을 추구하는 성장형growth 펀드와, 안정성을 추구하는 인컴income 펀드가 있다. 화학, 항공 등 특정 업종에 투자하는 펀드도 있고, 외국 주식 등 특정 분야에 투자하는 펀드도 있다.

최대 9%까지 판매 수수료를 받는 '로드 펀드load fund'도 있고, 판매 수수료를 받지 않는 '노로드 펀드no-load fund'도 있다.

펀드마다 이자, 배당, 차익에 대한 세금이 다르므로 투자

하기 전에 그 특성을 파악해야 한다. 펀드는 매우 다양해서 혼동하기 쉬우니 다음 질문을 던져야 한다.

1. 평균 초과 실적을 올릴 방법이 있는가?
2. 그런 방법이 없다면, 평균 미만 실적을 피할 방법은 무엇인가?
3. 어떤 유형의 펀드를 선택해야 하는가?

펀드의 전반적인 실적

펀드는 분명히 유용한 상품이다. 저축과 투자 습관을 증진했기 때문이다. 이런 펀드 덕분에 초보자들은 직접 주식을 거래할 필요가 없었으므로 많은 실수를 피할 수 있었다.

전반적으로 펀드의 실적은 시장 실적과 비슷한 수준을 유지했다. 10년 동안 투자한다면, 일반 개인은 직접 투자할 때보다 펀드에 투자할 때 실적이 더 좋을 것이다. 또한 일반

개인은 주식중개인이 극구 권하는 비우량주를 매수하는 것보다는 금융회사 직원이 권하는 펀드에 가입하는 편이 나을 것이다. 펀드에 가입하면 투기 유혹에 빠질 위험도 피할 수 있다.

10대 펀드의 1961~1970년 실적을 분석해보았다. 이들의 평균 실적은 S&P500지수와 같거나 약간 높았고 다우지수보다는 훨씬 높았다. S&P500지수와 실적이 비슷한 것은 이들 펀드 자체가 시장이기 때문이다. 그러나 개별 펀드 사이에서도 실적 차이가 크게 나타났다.

일부 펀드의 실적이 더 좋았던 것은 일부 펀드매니저가 한동안 부당한 위험을 떠안으면서도 용케 사고를 피했기 때문이다. 그러나 행운은 오래가지 않는 법이다. 게다가 펀드매니저도 빈번하게 교체되므로, 과거 실적이 미래 실적을 보장하는 것은 아니다.

퍼포먼스 펀드

일부 펀드매니저는 지수 초과 실적을 추구해서 우수한 실적을 기록한다. 이런 펀드는 대개 규모가 작으며 한동안 좋은 실적을 유지하기도 한다. 그러나 펀드 규모가 커질수록 초과 실적을 올리기가 어려워진다. 강세장만 경험한, 경력이 짧은 펀드매니저들은 과도한 위험을 떠안는 경향이 있다. 그러다가 이런 펀드매니저가 투자한 2개 회사는 곧바로 파산하기도 했다. 그리고 2년 정도 초과 실적을 올린 다음 실적이 부진해진 펀드도 있다. 똑똑하고 열정적인 젊은이들이 사람들에게 기적적인 투자 실적을 약속한 사례는 초창기부터 있어왔다.

50년 전에는 노골적인 사기꾼들이 시장에 넘쳐났다. 증권거래위원회가 설립된 이후 노골적인 사기는 자취를 감추었지만 새로운 사기 기법이 개발되었다. 사기꾼들은 지금도 투기를 조장하고 있다.

펀드의 실적을 제대로 평가하려면 침체기의 실적도 측정

해서 반영해야 한다. 실적이 계속 좋았던 펀드는 모두 소형 펀드였으므로, 펀드의 규모가 실적에 대단히 중요하다는 사실을 알 수 있다.

폐쇄형 펀드와 개방형 펀드

폐쇄형 펀드는 대부분 개방형 펀드보다 판매 비중이 작다. 폐쇄형 펀드는 금융회사에서 판매되지 않고 증권시장에서 주식처럼 매매된다.

개방형 펀드 중 로드 펀드는 높은 판매 수수료가 부과되지만, 폐쇄형 펀드는 채권처럼 액면가보다 낮은 가격에 매수할 수도 있다. 따라서 펀드의 운용 실적이 비슷하다면, 값비싼 판매 수수료가 부과되는 개방형 펀드보다는 폐쇄형 펀드를 할인된 가격에 매수하는 편이 유리하다. 그러나 노로드 펀드는 순자산가치로 쉽게 환매할 수 있다는 장점이 있으므로, 폐쇄형 펀드와 직접 비교하기가 어렵다.

일부 폐쇄형 펀드는 순자산가치보다 높은 가격에 거래되는데, 이런 펀드는 수익 잠재력이 제한적이므로 권하지 않는다.

혼합형 펀드

혼합형 펀드는 주식과 채권을 모두 보유한다. 23개 혼합형 펀드를 조사한 바로는 채권 비중이 평균 40%였다. 혼합형 펀드의 평균 수익률은 3.6%였는데, 같은 기간 미국저축채권의 수익률보다 낮았다.

10

투자 조언

남들의 투자 조언에 더 많이 의존할수록 더 보수적으로 투자해야 한다. 투자 조언이 나오는 출처는 다양하며 비용도 천차만별이다. 현명한 투자자는 광범위한 요소를 바탕으로 투자를 결정한다. 주식중개인들은 매매 수수료에 따라 보수를 받으므로 고객들에게 투기를 조장하기 쉽다. 남의 조언을 따르는 일반 투자자라면 평균 초과 실적을 기대해서는 안 된다. 공격적 투자자는 종목을 평가할 수 있으므로 투자 조언을 유리하게 활용할 수 있다.

투자는 주로 남들의 조언에 의존한다는 점에서 매우 독특한 분야다. 흔히 사업가들은 사업의 특정 부문에 대해서 조언을 구하지만, 투자자는 포괄적으로 '돈 버는 방법'에 대해서 조언을 구한다. 게다가 이렇게 조언에 의존하면서도 사람들은 초과수익을 원한다.

투자 조언을 얻을 수 있는 원천은 아마추어인 친구나 친척, 거래 은행 직원, 주식중개인, 투자상담사, 경제신문, 잡지 등 다양하다. 그러나 다른 사람의 조언에 의지해야 하는 사람이라면, 함부로 상상력을 동원하지 말고 반드시 보수적인 투자 방식을 고수해야 한다.

투자자문사와 은행의 신탁 서비스

업계에서 잘나가는 투자자문사, 신탁회사, 은행들은 자사의 능력이 탁월하다고 자랑하지 않는다. 대신 고객의 재산을 지키기 위해 세심하게 주의를 기울인다고 강조한다. 이들의 주된 역할은 고객이 값비싼 실수를 저지르지 않도록 방지하는 일이며, 고객을 대신해서 번거로운 재산 관리 업무를 수행하는 것이다.

투자 정보 서비스

투자 정보 서비스 비용은 투자자문사 비용보다 낮다. 주로 직접 투자하려는 투자자나 투기꾼들이 이 서비스를 이용한다. 일부 투자 정보 회사는 직접적인 투자 조언 대신, 시장 흐름에 관해서 매우 기술적인 보고서를 제공한다. 이들은 시장을 예측할 때 의미 없는 말을 반복하는 방법으로 불분명하게 얼버무리므로, 실제로 시장이 어떻게 되든 자신의 예측이 맞았다고 주장할 수 있다. 시장 예측에 대한 수요가 존재하므로 이런 '소위 전문가들'은 단지 시장 수요를 충족시킬 뿐이다.

이들은 현재 주가가 고평가 상태인지 저평가 상태인지는

판단하지 않고 오로지 단기 전망을 바탕으로 주식 매매를 권유한다.

현명한 투자자는 이런 정보를 이용하더라도, 투자를 결정할 때는 더 광범위한 요소를 고려해야 한다.

증권회사의 조언

증권회사들은 가장 많은 정보를 생산해서 주기적으로 고객들에게 무료로 배포한다. 일반적으로 증권회사들은 투기가 성행해야 번창하므로 이들의 조언을 항상 의심해야 한다. 만일 증권회사가 고객의 주문만 실행하고, 고객이 요구하는 정보만 제공하며, 투기를 조장하지 않는다면 틀림없이 적자에 허덕이게 될 것이다.

주식중개인은 매매 실적에 따라 수수료를 받으므로 고객에게 투기를 권유할 수밖에 없다. 따라서 투기를 원하지 않으면 주식중개인에게 분명히 밝혀두어야 한다.

CFA 자격증과 애널리스트

애널리스트의 역할은 주식을 분석해서 보고서를 작성하는 것이다. 공인재무분석사Chartered Financial Analyst(CFA) 자격증을 따려면 시험에 통과하고 실무 경험도 쌓아야 한다. 애널리스트의 유용성은 투자자에 따라 달라진다. 애널리스트의 역할은 주식에 관한 정보를 제공하는 것이지, 주식 매매에 관해서 조언하는 것이 아니다. 일반 투자자는 증권회사 애널리스트와 접촉하기가 쉽지 않다.

증권회사와의 거래

증권거래소는 증권회사들에 엄격한 행동 수칙과 재무 기준을 요구하지만, 간혹 파산하는 증권회사가 나온다. 파산하는 이유는 다양한데, 증권회사 고유 계정으로 투기에 가담하거나 회사 자금을 유용하는 것이 많다.

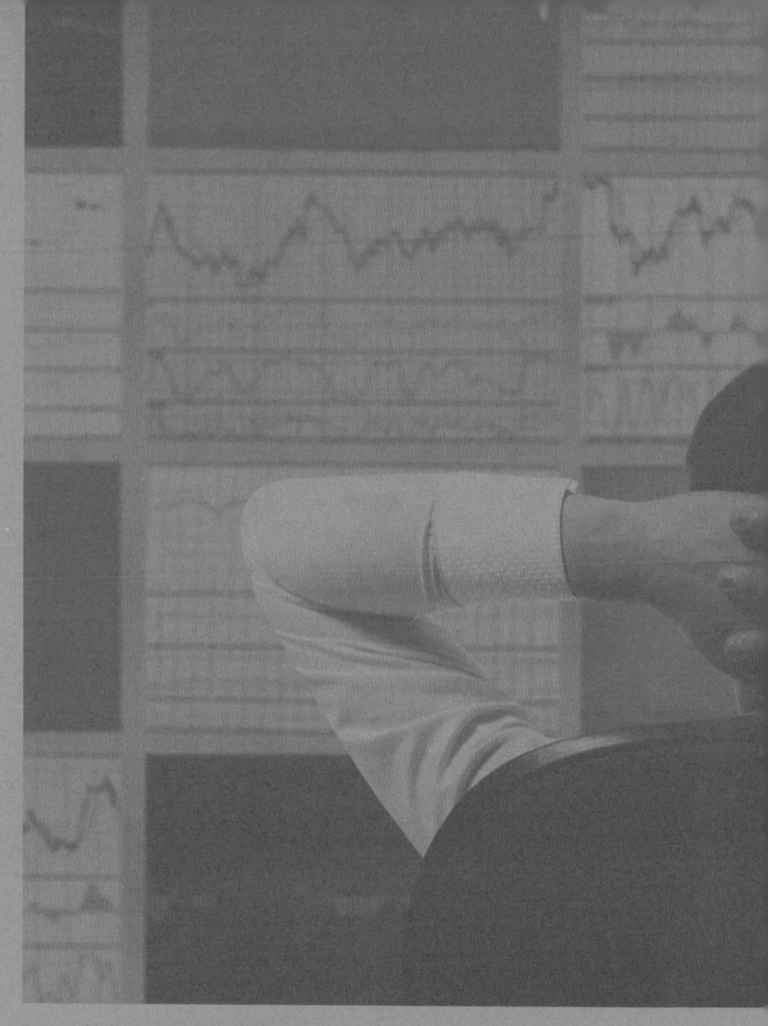

다른 사람의 조언에
의지해야 하는 사람이라면,

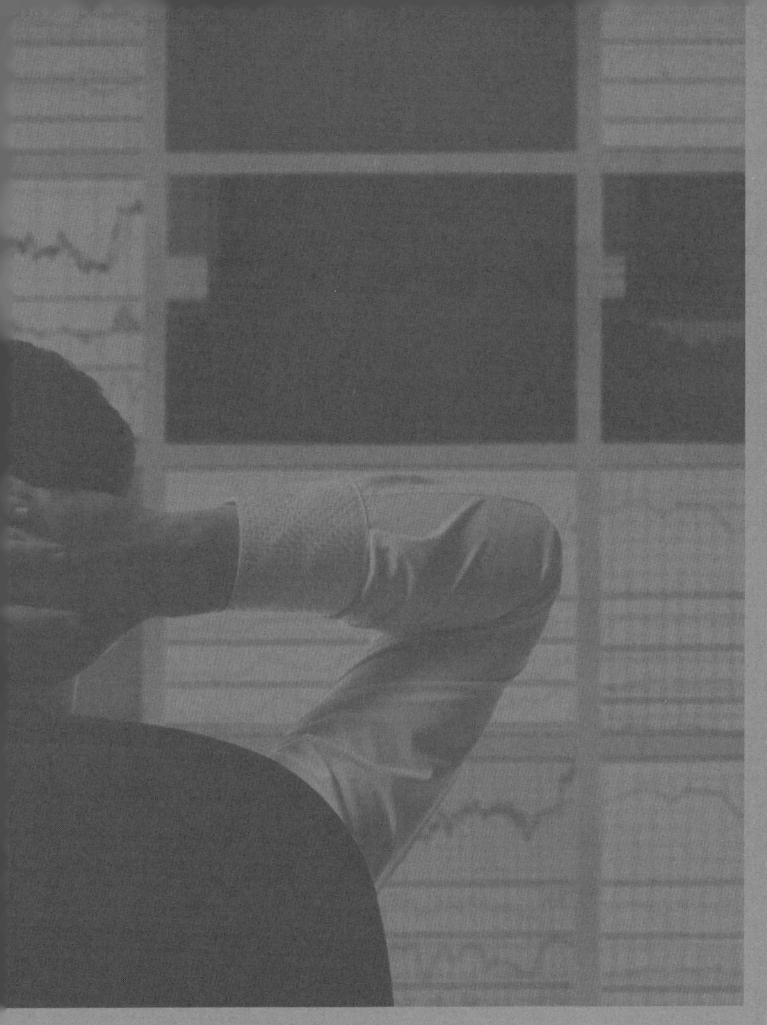

함부로 상상력을 동원하지 말고 반드시 보수적인 투자 방식을 고수해야 한다.

투자자는 반드시 평판이 좋은 증권회사와 거래해야 한다. 그러나 유서 깊고 평판 좋은 증권회사도 파산할 때가 있다.

기관투자가들은 증권회사의 속성을 잘 파악하고 있다. 그러나 증권회사의 속성을 잘 모르는 개인 투자자들은 증권회사의 조언을 순진하게 받아들여 이용당하기 쉽다. 성직자나 의사의 말을 믿듯이 증권회사의 말을 믿어서는 안 된다. 증권회사의 조언을 듣더라도 판단은 스스로 내려야 하며, 가능하면 다른 곳에서도 조언을 찾아보아야 한다.

기타 조언

거래 은행이나 담당 회계사의 조언도 들어보라. 이들은 투자 전문가는 아니지만 업무 특성상 거의 틀림없이 보수적이므로 투기를 권유하지는 않을 것이다.

친구나 친지의 조언은 무료이긴 하지만 부실한 경우가 많다.

요약

투자 조언은 투자자문사나 증권회사에서 받을 수 있다. 그러나 초과 실적을 기대해서는 안 되며, 탁월한 실적을 약속하는 사람은 극도로 경계해야 한다.

방어적 투자자는 남들의 투자 조언을 평가할 능력이 부족한 사람이다. 따라서 자신의 투자 목표를 명확하게 정립하고, 투자 조언을 가려서 들어야 한다. 즉 우량 등급 채권과 대표주에 관심을 한정해야 하며, 시장 정점에서 높은 가격에 투자해서는 안 된다.

반면에 공격적 투자자는 투자 조언을 충분히 수집하고 스스로 판단해서 취사선택할 수 있다. 그러나 장기간 실력이 입증되지 않았다면 그의 조언을 맹신해서는 안 된다.

11

초보자의 증권 분석

애널리스트는 주식 분석에 고등수학을 동원하려 해서는 안 된다. 채권을 선택할 때는 EPS가 주당 이자비용의 3배 이상인 회사가 바람직하다. 주식을 평가할 때는 미래 추정이익을 할인한 값과 현재 주가를 비교한다. 자본화계수를 결정할 때는 4가지 요소를 고려한다.
성장주를 평가하는 공식도 있지만 이 기법은 신뢰도가 높지 않다. 산업을 상세하게 분석한 보고서도 신뢰도가 높지 않으므로 투자자 각자가 스스로 판단해야 한다.

이제 공인재무분석사CFA는 윤리강령, 협회, 전문지를 갖춘 전문직으로 확고하게 자리 잡았다.

'재무 분석'이라는 개념을 사용하면 분석 범위를 더 넓힐 수 있지만, 여기서는 '증권 분석'이라는 개념을 사용해서 증권의 과거, 현재, 미래를 집중 분석하기로 한다.

애널리스트는 기업의 영업 실적과 재무 상태, 강점과 약점, 미래 수익성, 동종 기업과의 비교 등 분석 업무를 수행한다. 이어서 해당 증권의 안전성과 매력도를 바탕으로 투자 의견을 제시한다.

애널리스트는 회계보고서에서 숨은 속뜻을 읽을 줄 알아야 하며, 회계사들이 빠뜨린 항목들을 찾아낼 수 있어야 한다. 그는 과거 이익, 자본 구조, 운전자본, 자산가치, 기타 주요 항목들을 바탕으로 안전성을 평가해야 한다. 과거 실적이 부족한 '성장주'는 분석하기가 더 어렵다. 이렇게 근거 자료가 취약할 때 애널리스트는 복잡한 수학적 기법을 동원해서 자신의 주장을 뒷받침하기도 한다. 그러나 이 과정에서 증권 분석이 수학이나 사이비 과학으로 변질할 수 있다.

간단한 산수나 기본 대수학(代數學)을 넘어선 증권 분석 중 믿을 만한 분석을 나는 본 적이 없다. 분석에 미적분이나 고등 대수학이 등장한다면, 이는 그럴듯한 이론을 내세워 투기를 투자로 포장하려는 의도일지도 모른다.

투자자는 애널리스트의 의도를 이해해야 하며, 건전한 분석과 피상적인 분석을 구분할 수 있어야 한다. 분석은 연차 재무제표 해석에서 시작된다.

채권 분석

채권 분석은 증권 분석 중 신뢰도가 가장 높은 분야로서 채권의 안전성 평가가 중심이 된다.

채권의 안전성을 평가하는 주요 기준은 이자보상비율로서 이익을 이자비용으로 나눈 배수를 가리킨다. 우선주의 안전성을 평가할 때는 이익을 '이자+우선주 배당'으로 나눈 비율로 기준을 삼는다. 애널리스트마다 기준이 달라질 수 있지만 내가 사용하는 기준은 7년 평균 실적이다. 7년 평균 실적 대신 최악의 해 실적을 사용할 수도 있다.

일반적으로 채권이 안전성을 인정받으려면 이익이 이자 비용의 3배 이상이어야 한다. 이 밖에도 고려할 요소들은 다음과 같다.

1. 기업의 규모 : 기업의 규모가 일정 기준 이상이어야 한다.
2. 시가총액/총부채 비율 : 주식의 시가총액을 '부채 + 우선주의 액면가'로 나눈 비율이다. 주식은 후순위 투자여서 손실을 먼저 떠안게 되므로, 이 비율이 클수록 채권과 우선주는 더 안전해진다.
3. 자산가치 : 과거에는 대차대조표상의 자산가치가 크면 채권이 안전하다고 생각했으나, 이제는 기업의 수익력이 높아야 채권이 안전하다고 본다. 기업이 수익성을 상실하면 기업의 자산도 가치를 상실하기 때문이다.

사후 분석에 의하면, 앞에서 설명한 엄격한 기준을 충족한 채권과 우선주는 계속 안전성이 유지되었다. 반면에 철도회사 등 파산한 기업들의 채권은 위 기준을 충족하지 못했다. 신중한 투자자라면 위 기준을 통해서 위험을 사전에 감지할 수 있었다는 뜻이다.

공익기업(전기·수도·가스·전신전화 등 국민 생활에 필수적이어서 독점적 성격이 강한 사업을 영위하는 기업)들은 1930년대 이후 증권거래위원회의 엄격한 감독을 받았고, 파산 사례가 발생하지 않았다.

그동안 장기 회사채는 안전성이 낮았다. 따라서 침체기를 충분히 극복할 만한 대기업의 채권이나 우선주만을 투자 대상으로 삼아야 한다. 오랫동안 심각한 침체기가 오지 않은 탓에 지금은 기업들의 부채비율이 급증했으며, 수익성이 악화해서 손실이 발생하는 기업도 있다. 그러므로 채권에 대한 평가 기준을 늦추어서는 안 된다.

주식분석

애널리스트는 '미래 추정이익을 할인한 값'을 '현재 주가'와 비교해야 한다. 추정이익은 판매량, 상품 가격, 이익률을 이용해서 산출한다. 아울러 GDP를 바탕으로 전반적인 경기 흐름을 예측하고, 이어 해당 업종도 전망해야 한다. 과거 분석 결과를 돌아보면, 개별 기업보다는 기업군의 실적을 추정할 때 적중률이 더 높았다.

애널리스트가 성공 가능성이 가장 큰 종목 몇 개를 선정해서 추천해주면 이상적이겠지만, 실제로 애널리스트의 선정은 빗나가는 경우가 흔하다. 그래서 실무에서 펀드매니저들은 유망 종목이 포함되기를 기대하면서 여러 종목에 분산투자한다. 즉 탁월한 종목 선정 능력이 존재한다고 믿지 않는다.

투자자는 애널리스트의 의도를 이해해야 하며,
건전한 분석과 피상적인 분석을
구분할 수 있어야 한다.

분석은
연차 재무제표 해석에서 시작된다.

자본화계수에 영향을 미치는 요소

주식 평가에는 미래 추정이익이 가장 중요하지만 자본화계수도 무시할 수 없는 요소다. 자본화계수에 영향을 미치는 요소는 다음과 같다.

1. **장기 전망**: PER은 업종이나 개별 기업의 장래를 전망하는 지표로 종종 사용된다. 즉 PER이 높다는 것은 그 업종이나 기업의 장래에 대한 시장의 전망이 밝다는 뜻이다. 그러나 이 지표가 빗나가는 사례도 많다.
2. **경영자**: 번창하는 회사에는 뛰어난 경영자가 있다고 볼 수 있다. 그러나 경영자의 능력을 과대평가하면 값비싼 대가를 치를 수도 있다.
3. **재무 건전성과 자본 구조**: 두 기업의 주가와 EPS가 똑같다면 잉여현금은 많고 부채는 없는 기업이, 잉여현금은 없고 부채는 많은 기업보다 확실히 낫다.
4. **배당 실적**: 장기간에 걸쳐 배당을 빠짐없이 지급한 기

업의 주식이 유리하다. 1969년 다우지수 종목들의 평균 배당성향(당기순이익 중 배당으로 지급하는 비율)은 59.5%였고, 전체 미국 기업의 평균 배당성향은 55%였다.

성장주에 적용하는 이익 승수

성장주를 평가하는 공식은 다음과 같다.

성장주의 적정 주가 = 정상 EPS × (8.5 + 2 × 기대성장률)

여기서 기대성장률은 이후 7~10년 동안 기대되는 성장률을 가리킨다. 기대성장률은 빗나가기 쉬우므로 충분한 안전마진을 포함해야 한다.

성장주를 평가하려면 미래 이자율도 고려해야 하지만 이자율을 예측하기는 매우 어렵다.

산업 분석

경험을 돌아보면, 투자자가 입수하는 산업 정보는 대부분 가치가 없다. 대개 이미 알려져서 주가에 반영되었기 때문이다.

확실한 근거 없이 감으로 접근하는 투자는 위험하다. 마찬가지로 수학적 계산에만 몰두하는 투자 역시 위험하다.

자신의 통찰력을 믿고 도박을 벌이려면 손실 위험을 감수해야 한다. 그러나 보수적으로 투자하면 대신 소중한 기회를 놓쳐버릴 수도 있다.

2단계 분석

애널리스트는 먼저 기업의 과거 실적만으로 주식의 내재가치를 계산해볼 필요가 있다. 다음에는 미래 변수를 고려해서 어느 정도 수정해야 하는지 생각해보아야 한다.

어렵더라도 이런 분석을 해야 하는 이유는 세 가지다. a) 평가 방법을 개선할 수 있고, b) 유용한 경험과 통찰을 얻을 수 있으며, c) 더 나은 기법을 개발해 평가의 가능성과 한계에 대해 유용한 지식을 얻을 수 있다.

현명한 사람은 일부 불확실성을 고려하고서도 미래를 예측할 수 있는 종목군이나 종목에 투자한다.

12

EPS의 실상

EPS(주당순이익)는 회계규정을 위반하지 않고서도 조작될 수 있으므로 주의해야 한다. 이익을 더 현실적으로 파악하려면 7~10년 평균 이익을 측정하면 된다. 기업의 장기 성장률을 더 낙관적으로 예측할수록 투자 위험이 증가한다.

한 해 실적을 지나치게 중시해서는 안 된다. 그래도 한 해 실적을 본다면 EPS에 숨은 함정을 조심해야 한다.

EPS를 액면 그대로 받아들이지 말고 주석을 확인해야 한다. 특별비용 차감 전 이익 5.20달러는 특별비용 차감 후 4.32달러가 되고, 완전희석 기준으로는 4.19달러로 감소하기도 한다.(회사가 발행한 전환사채가 주식으로 전환되면 주식의 가치가 희석된다.)

알코아**ALCOA**의 회계 처리에서 주목할 만한 사항들은 다음과 같다.

1. 미래에 발생할 손실을 앞당겨 처리했다. 그러면 실제로 손실이 발생한 해에는 그 손실이 인식되지 않는다. 이 때문에 장래에 면제받을 수 있는 세금을 내야 하는 수도 있다.
2. 모두가 실적이 나쁠 것으로 예상한 1970년에 특별비용을 차감했다. 장래 EPS를 더욱 돋보이게 하려는 의도로

볼 수 있다.

3. 전환사채나 신주인수권부사채가 EPS를 왜곡할 수 있다.
4. 감가상각법을 정률법에서 정액법으로 변경한 탓에 EPS가 증가했다.
5. 그러나 법인세 신고에는 계속 정률법을 적용해서 과세이연 효과(세금 납부 시점을 연기하는 효과)를 얻고자 할 것이다.
6. 연구개발비를 어느 시점에 인식하느냐에 따라 EPS가 달라질 수 있다.
7. 재고자산 평가법으로 선입선출법**FIFO**과 후입선출법**LIFO** 중 어느 것을 선택하느냐에 따라 EPS가 달라질 수 있다.

흔히 기업의 회계 처리는 신뢰도가 낮은 탓에 증권 분석이 복잡해지고 주식 내재가치 평가도 믿기 어려워진다. 복잡한 계산을 원치 않는다면 확신할 수 있는 종목을 매수하는 편이 좋다.

평균 이익을 이용한 평가

7~10년 평균 이익을 이용하면 경기가 기업 실적에 미치는 영향을 축소할 수 있어서 전반적인 수익성 파악에 도움이 된다. 또한 특별비용과 특별이익도 평균 이익에 자연스럽게 녹아든다.

과거 성장률 계산

기업을 분석할 때는 성장성도 충분히 고려해야 한다. 기업의 최근 3년 성장률과 10년 전 3년 성장률을 비교해볼 필요가 있다.

알코아는 대표적인 대형 제조회사지만 과거 주가 흐름과 실적은 특이한 모습이다. 이는 주식 평가 방식의 신뢰도가 높지 않다는 뜻이다.

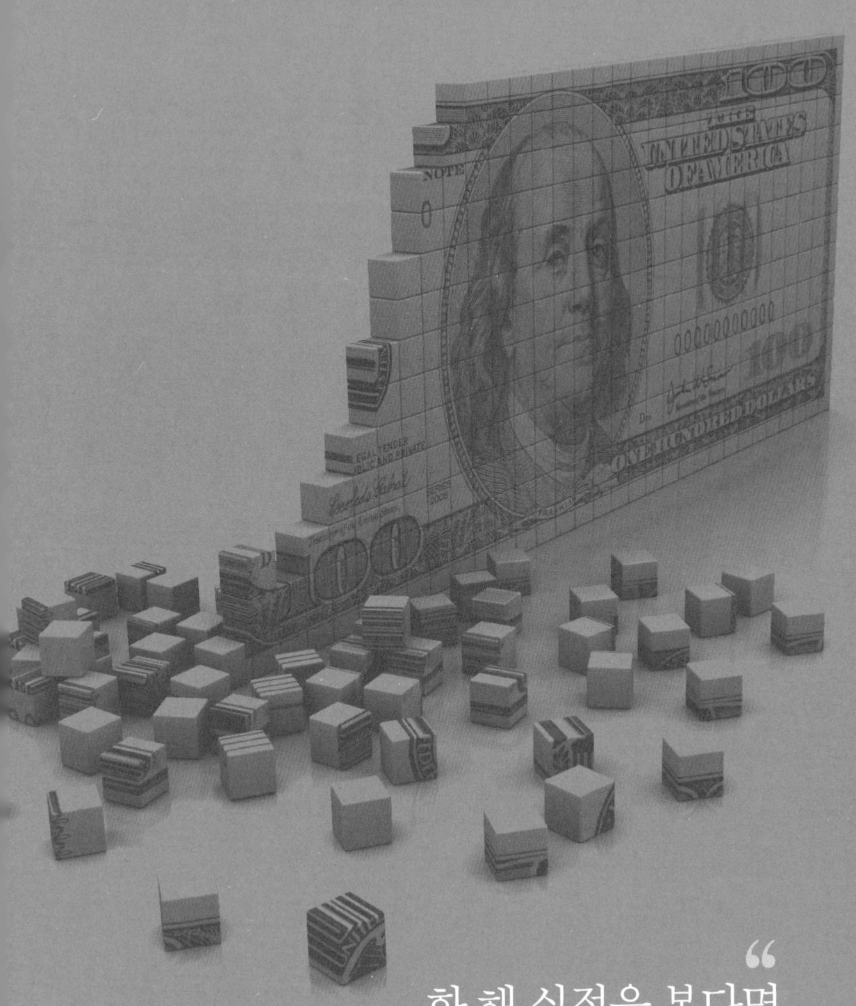

"

한 해 실적을 본다면
EPS에 숨은 함정을 조심하라.

EPS를 액면 그대로 받아들이지 말고
주석을 확인해야 한다.

"

13

4개 상장회사 비교

4개 상장회사를 무작위로 선정해서 여러 기준으로 비교 분석했다. 특정 투자 기법에 적합한 종목을 살펴보고 위험도 알아본다.
종목 선정은 각 투자자의 태도에도 크게 좌우된다. 나는 시장의 인기보다 내재가치를 중시한다.

무작위로 선정한 뉴욕증권거래소 상장회사 4개는 엘트라 **ELTRA**, 에머슨 일렉트릭**Emerson Electric**, 에머리 항공화물 **Emery Air Freight**, 엠하트**Emhart**다.

4개 회사는 영업 실적이나 재무 상태의 변동 폭보다 PER의 변동 폭이 더 컸다. 이는 증권시장에서 인기도에 따라 주가가 큰 폭으로 변동하기 때문으로 볼 수 있다.

수익성

순자산가치 대비 이익은 모두 만족스러운 수준이었다. EPS 성장률이 높을수록 ROE도 높게 나왔다. ROS(매출액 영업이익률)도 모두 만족스러웠다.

안정성

과거 10년 동안 나타난 '직전 3년 평균 EPS 대비 1년 EPS'의 최대 하락률로 안정성을 측정했다. 10년 동안 EPS가 최근 3년 평균보다 내려가지 않았다면 확실히 안정적인 회사로 볼 수 있다.

성장성

저PER 종목 2개는 성장률이 매우 높아서 다우지수 종목들을 넘어섰다. 고PER 종목 2개의 성장률은 더 인상적이었다.

재무 상태

재무 상태가 건전한 회사는 3개였다. 장기부채는 모두 적었다.

배당

계속해서 배당을 지급했느냐가 매우 중요하다. 1종목은 1902년 이후 계속해서 배당을 지급했다. 나머지 종목들도 배당을 빠짐없이 지급했다. 저가 2종목의 배당수익률이 고가 2종목의 배당수익률보다 높았다.

주가 흐름

지난 34년 동안 4종목 모두 다우지수보다 높은 상승률을

기록했다. 그러나 1950년대 이전 약세장에서는 모두 주가가 심각하게 하락했었다.

전반적인 평가

에머슨은 시가총액이 가장 커서, 나머지 3개 회사의 시가총액 합계액을 능가했다.

에머리는 성장성이 가장 높아서 PER 40을 기록했다. 항

Joseph Sohm / Shutterstock.com

공 산업의 실적이 최악이었던 1970년에도 실적이 계속 상승했다는 점이 놀랍다. 그러나 앞으로도 이런 실적이 계속될지는 불확실하다.

4개 종목 모두 주가 흐름이 두드러지지는 않지만 실적은 뛰어나다.

결론

애널리스트들은 주가 흐름과 이익 증가율이 높은 에머슨과 에머리에 관심을 둘 것이다.

그러나 주가 흐름은 평가 기준으로는 타당하지 않으며, 이익 증가율은 타당성이 제한적이다.

주가 흐름과 이익 증가율에 지나치게 흥분해서는 안 된다. 에머슨은 PER 60에 이르는 주가를 뒷받침하려면 여러 해 매우 높은 실적을 유지해야 한다.

엘트라와 엠하트의 주가는 자산가치 대비 적정 수준으로서, 다음 7가지 기준에 맞는다.

1. 적정 회사 규모
2. 건전한 재무 상태
3. 최근 10년간 계속 흑자 유지
4. 20년 이상 계속 배당 지급
5. 10년 동안 EPS가 33% 이상 증가
6. 3년 평균 PER 15 이하
7. PBR 1.5 이하

내가 엘트라와 엠하트를 선호하는 것은 시장의 인기보다

내재가치를 중시하기 때문이다. 종목 선정은 각 투자자의 태도에도 크게 좌우된다.

14

방어적 투자자의 종목 선택

방어적 투자에 적용할 정량분석 기준을 살펴본다. 방어적 투자자의 포트폴리오는 이익수익률(PER의 역수로서, EPS를 주가로 나눈 비율)이 우량 등급 채권 수익률 이상으로 높아야 한다. 여기서는 정량분석 기준을 적용하여 다우지수 30종목을 5개 그룹으로 분류했다. 주가가 내재가치를 초과하면 방어적 투자자는 주식을 매도해야 한다. 방어적 투자자는 종목 선정에 몇 가지 원칙만 적용하면 된다.

방어적 투자자는 주가가 과도하게 상승하지 않은 우량주와 우량 등급 채권에 분산투자해야 한다. 우량주는 다우지수 종목 중에서 선택하거나 정량분석 기준으로 선택한다.

다우지수 종목 중에서 선택할 때는 업종 대표주와 성장주 일부를 포함할 수 있다. 다우지수를 가장 쉽게 따라가는 방법은, 다우지수 30종목을 똑같은 수량으로 매수하거나, 대표적인 펀드에 투자하는 것이다.

정량분석 기준으로 선택할 때는 a) 과거 실적과 현재 재무 상태가 일정 수준 이상이고, b) 수익성과 자산도 일정 수준 이상인 종목 중에서 고른다.

충분한 규모

중소기업은 제외한다. 제조회사는 연간 매출이 1억 달러 이상, 공익기업은 자산이 5,000만 달러 이상이어야 한다.

재무 구조의 건전성

유동비율이 200% 이상이어야 한다. 장기부채는 운전자본 이하여야 한다. 공익기업은 부채가 자기자본의 2배를 초과하지 말아야 한다.

이익의 안정성

지난 10년 동안 해마다 이익을 냈어야 한다.

배당 실적

지난 20년 동안 빠짐없이 배당을 지급했어야 한다.

이익 증가

지난 10년 동안 '3년 평균 EPS 증가율'이 33% 이상이어야 한다. 즉 1~3년 전 '3년 평균 EPS'가 8~10년 전 '3년 평균 EPS'보다 33% 이상 많아야 한다.

적정 PER

현재 주가가 '최근 3년 평균 이익'의 15배 이하여야 한다.

적정 PBR

현재 PBR이 1.5 이하여야 하고 PBR × PER은 22.5 이하여야 한다. 즉 PER이 9면 PBR 2.5까지는 문제없다.

결론

현재 위 기준을 충족하면서 PER 15 이하인 종목을 선택한다면 포트폴리오의 평균 PER이 12~13 정도 될 것이다. 포트폴리오의 이익수익률(PER의 역수)이 우량 등급 채권 수익률 이상이어야 하므로, AA등급 채권 수익률이 7.5%라면 PER이 13.3 이하가 되어야 한다.

1970년 말 다우지수 종목에 정량분석 기준을 적용하면?

정량분석 기준 7개를 모두 충족하는 다우지수 종목은 5개에 불과하다.

공익기업에서 발견하는 해법

공익기업들은 대다수가 정량분석 기준에 맞는다. 공익기업들은 주식과 채권 발행을 통해 스스로 자금을 조달할 수 있으므로 유동비율 기준을 적용할 필요가 없다.

다우지수 제조회사들과 비교하면 공익기업들의 배당수익률이 훨씬 높았다. 공익기업들은 가스나 전기요금 등을 합법적으로 조정할 수 있으므로 지난 수십 년 동안 ROE를 계속 높일 수 있었다.

공익기업들의 주가 상승률은 제조업지수보다 낮았으나 다른 그룹들보다 더 안정적이었다. PER의 큰 흐름이 바뀌면 방어적 투자자도 포트폴리오를 재구성해야 한다. 일부 종목이 지나치게 상승하면 자본이득세를 내더라도 매도하고, 가격이 적절한 종목으로 포트폴리오를 재구성해야 한다.

금융주 투자

금융회사는 범위가 매우 넓어서 은행, 보험회사, 저축대부조합, 신용조합, 부동산담보대출회사, 투자회사 등이 포함된다. 금융회사는 자산 중 고정자산과 재고자산의 비중이 작고 단기부채가 자본금보다 훨씬 크므로, 재무 구조의 안정성 유지가 제조회사보다 더 중요하다.

금융회사에도 제조회사나 공익기업과 같은 PER, PBR 기준을 적용하는 편이 좋다.

방어적 투자자의 선택

미래 예측과 관련하여 애널리스트를 '예측'과 '보호'로 구분할 수 있다.

예측하는 애널리스트들은 기업의 수익성과 성장성을 예측하려고 노력한다. 기업의 전망을 낙관하면 현재 주가가

높아도 매수하라고 계속 추천한다. 예측은 계량화할 수 없는 요소들을 강조하므로 정성분석 기법이다.

반면에 보호를 중시하는 애널리스트들은 분석 시점의 주가가 실제 가치보다 낮은지에 관심을 둔다. 이들은 장기 전망에는 관심이 없다. 보호는 계량화할 수 있는 요소들을 강조하므로 정량분석 기법이다.

나는 주로 정량분석 기법을 이용해서 구체적인 가치를 바탕으로 종목을 선택했다. 그러나 사람들 대다수는 계량화가 되지 않는 정성분석 기법을 선호한다.

방어적 투자자에게는 개별 종목 선택보다는 분산투자를 권한다.

15

공격적 투자자의 종목 선택

대형 펀드나 애널리스트들과 마찬가지로 공격적 투자자도 시장지수를 이기기가 어렵다. 그러나 5가지 기법을 이용해서 소외된 건전한 주식에 투자하면 시장지수를 이길 수도 있다.
다양한 정량분석 기준을 결합해서 이용하면 공격적 투자에 유리하다. 주가가 순운전자본에 못 미치는 특수 상황에 부닥친 염가 종목도 이용할 수 있다.

앞에서 방어적 투자자는 비우량주나 지나치게 비싼 주식을 매수하지 않는다는 원칙, 즉 배제의 원칙을 지켜야 한다고 강조했다. 그러나 공격적 투자자는 초과수익 가능성이 큰 종목을 선정해야 한다.

시장 평균 실적은 쉽게 얻을 수 있다. 지수를 매수하면 된다. 그러나 초과수익을 얻기는 매우 어렵다. 장기간 운용된 펀드의 실적을 보면 알 수 있다. 대형 펀드들은 운용에 충분한 지원을 받았는데도 대부분 실적이 시장 평균 수준에 머물렀다.

펀드가 초과 실적을 올리기 어려운 이유는 두 가지다. a) 주가에 그 기업의 주요 정보와 예측이 모두 반영되어 있으므로, 주가를 예측하려고 해도 소용없다. b) 애널리스트들은 현재 유망 종목의 우수한 실적이 장래에도 계속 이어질 것으로 예측하지만 이 예측은 번번이 빗나간다.

초과 실적을 내기는 쉽지 않지만 시장이 하락했을 때 싼값에 주식을 매수하면 높은 수익을 얻을 수 있다. 이렇게 하려면 월스트리트에서 사용하지 않는 기법으로 소외된 우량

종목을 찾아내야 한다.

그레이엄-뉴먼 기법

다음은 내가 그레이엄-뉴먼에서 1926~1956년 투자에 적용한 기법들이다.

차익거래arbitrage

합병, 구조조정 등이 예정된 두 회사의 증권 가격에 일시적으로 괴리가 발생했을 때, 한 증권은 매수하고 한 증권은 공매도하여 이익을 얻는 기법이다.

청산liquidation

보유 자산을 매각하여 주주에게 현금을 지급할 회사의 주식을 매수한다.

기대수익률이 연 20% 이상이면서 성공 가능성이 80% 이상일 때만 위 두 기법을 사용한다.

헤지거래hedge

전환사채나 전환우선주를 매수하는 동시에, 이 증권을 전환해서 받게 될 주식을 공매도한다.

염가 종목net nets

주가가 주당 순유동자산(유동자산-총부채)보다 훨씬 낮은 종목을 매수한다.

다음 두 가지 방법은 실적이 만족스럽지 않아서 중단했다. 하나는 일반 기준에서는 매력적이지만 주가가 주당 순유동자산보다 높은 종목이었고, 다른 하나는 유사 헤지거래였다.(헤지거래는 전환사채를 매수하는 동시에, 이 증권을 전환해서 받는 주식과 '똑같은 주식'을 공매도하는 거래다. 반면에 유사 헤지거래는 똑같은 주식이 아니라 '유사한 주식'을 공매도하

는 거래다.) 유사 헤지거래는 요즘 헤지펀드들이 하는 거래와 비슷하다. 두 방법의 실적을 10년 이상 지켜본 결과, 들이는 노력만큼 충분한 수익이 나오지 않는다고 결론지었다. 따라서 1939년부터 그레이엄-뉴먼은 차익거래, 청산, 헤지거래, 염가 종목에 집중해서 만족스러운 실적을 거두었다.

위 방법은 공격적 투자자나 방어적 투자자에게 적합하지 않다. 특수 상황에서 이 방법을 사용할 수 있는 사람은 적극적이고 공격적인 소수에 불과하다.

공격적 투자자는 질적 요소와 양적 요소를 모두 고려해서 유연하게 생각해야 한다. 예컨대 한 해에 적자가 발생했더라도 평균 이익이 계속 높아 매력적이라면 포트폴리오에 편입해야 한다.

공격적 투자자는 전망이 밝더라도 주가가 지나치게 높은 종목은 편입하지 않는 편이 낫다. 오히려 현재 실적이 부진하고 전망이 불투명해서 주가가 내려간 철강주 등 경기순환주를 고려해봄 직하다.

비우량주

과거 실적은 좋으나 시장에서 인기가 없는 종목을 포트폴리오에 편입할 수도 있다. S&P가 매달 발행하는 〈주식 가이드Stock Guide〉가 유용하다. 여기에 기재되지 않은 BPS는 다른 책에서 찾아보면 된다.

〈주식 가이드〉에서 종목 발굴

PER 9 이하인 종목으로 관심 종목 리스트를 구성할 수 있다. 이 리스트에 다음 기준을 적용해보자.

1. **재무 상태**: 유동자산이 유동부채의 150% 이상이고, 부채가 순유동자산의 110% 이하(제조업 기준)
2. **이익의 안정성**: 지난 5년 동안 적자를 기록한 적이 없음
3. **배당 실적**: 당기에 조금이라도 배당 지급

4. 이익 증가: 작년 이익이 4년 전 이익보다 많음

5. 주가: 주가가 순유형자산의 120% 미만

PER 9 이하를 포함해서 기준 6개를 적용하면 약 150개 종목을 뽑을 수 있다. 7번째 기준으로 S&P 등급 '평균 이상'을 추가하더라도 약 100개 기업이 선정될 것이다. 이렇게 등급이 평균 이상이고 재무 상태도 기준을 충족하는 주식을 낮은 PER 및 낮은 PBR에 매수한다면 좋은 실적을 기대할 수 있을 것이다.

한 가지 기준에 의한 선정

장기간 계속 좋은 실적을 내는 방법은 두 가지다. a) 다우지수 종목처럼 규모가 큰 종목 중 저PER주를 매수하는 방법과, b) 주가가 순유동자산가치보다 낮은 종목에 분산투자하는 방법이다. 이 밖의 선택 기준은 다음과 같다.

1. 저PER
2. 높은 배당수익률
3. 장기간 연속 배당 지급 실적
4. 유통주식이 많은 거대 기업
5. 건전한 재무 구조
6. 낮은 주가
7. 전고점보다 낮은 주가
8. 높은 S&P 등급

나는 무작위로 90개 종목을 선정하고 3년 동안 S&P500지수와 실적을 비교해보았다. S&P500지수는 거의 변동이 없었지만 90종목은 평균 하락률이 22%에 이르렀다.

S&P 등급이 낮은 중소형주는 강세장에서는 더 상승했지만 약세장에서는 더 하락했으며, 오랜 기간이 지나도 대부분 주가가 회복되지 않았다. 따라서 주가가 내재가치보다 훨씬 낮다는 확신이 없다면 S&P 등급이 낮은 종목은 매수하지 말아야 한다.

기타 분석 결과는 다음과 같다.

1. S&P제조업지수가 2.4% 하락하고 다우지수가 5.6% 하락하는 동안, S&P 최고 등급(A^+)의 제조회사 주식은 9.5% 상승했다. 등급이 높은 포트폴리오의 실적이, 낮은 포트폴리오의 실적보다 항상 높았다.
2. S&P지수가 하락하는 동안에도, 유통주식이 5,000만 주 이상인 회사의 주식은 거의 움직이지 않았다.
3. 특이하게도 100달러가 넘는 고가주는 1% 상승했다.

영업권(장부가액 - 순자산가치) 비중이 큰 대형주의 주가는 2.5년 동안 대폭 상승했다. 그러나 여기에는 투기 요소가 포함될 수도 있으므로, 포트폴리오에 편입하는 종목에는 순자산가치가 주가의 3분의 2 이상이라는 기준을 적용하는 편이 낫다.

또한 저PER 종목이 고PER 종목보다 실적이 좋았고, 장기간 연속 배당을 지급한 종목이 지급하지 않은 종목보다 실

적이 좋았다. 따라서 내가 제시한 양적, 질적 기준을 적용하는 편이 효율적이었다.

염가 종목

순유동자산가치보다 낮은 가격에 주식을 매수하면 만족스러운 실적을 얻을 수 있다. 영업권은 무형자산으로서 주로 '상표'의 가치다. 그러나 시장에서 상표의 가치가 인정받지 못한다면, 부동산과 기계 등 유형자산도 가치를 제대로 인정받지 못한다.

염가 종목을 다수 발굴해서 분산투자하고 인내심을 발휘해서 장기간 보유할 수 있다면, 큰 위험을 떠안지 않고서도 수익을 얻을 수 있다.

특수 상황이나 워크아웃

상황 1

1971년 1월, 보든Borden은 자사 주식 1.33주를 카이저-로스Kayser-Roth 1주와 교환하는 방식으로 카이저-로스(의류회사)의 경영권을 인수할 계획이라고 발표했다. 이튿날 활발하게 거래된 보든은 종가가 26이었고 카이저-로스는 28이었다. 만일 이 종가에 카이저-로스 300주를 매수하고 보든 400주를 매도했으며 발표한 조건으로 거래가 성사되었다면 약 24% 수익을 얻게 된다(수수료 등 비용 차감 전). 거래 완료까지 6개월이 걸렸다면 최종 수익률은 연 40% 수준이 된다.

상황 2

내셔널비스킷National Biscuit은 오로라플라스틱Aurora Plastics을 주당 현금 11달러에 인수하겠다고 제안했다. 당시 주가가 8.5달러였으므로, 인수가 실행되었다면 약 25%

수익을 얻을 수 있었다.

상황 3

유니버설-매리언Universal-Marion은 청산 발표 시점에, 대부분 유동자산으로 구성된 순자산가치가 28.5달러였고 주가는 21.5달러였으므로, 약 30% 수익 기회가 있었다.

“

진정한 투자를 하고자 한다면
진정한 안전마진을 확보해야 한다.

진정한 안전마진이라면
숫자, 논리, 풍부한 실전 경험으로
입증할 수 있어야 한다.

”

16

전환사채와 신주인수권

전환사채의 매력도는 다양한 환경 변수에 좌우된다. 방어적 투자자는 함부로 전환사채에 투자해서는 안 된다. 전환사채의 투자 효율성을 검증하려면 시장 하락기의 실적을 측정해보아야 한다. 실제로 전환사채의 수익률은 만족스럽지 않았다.

투자자가 전환사채에 대해서 고려할 사항은 두 가지로서, a) 전환사채가 주는 기회와 위험을 어떻게 평가할 것인가, b) 전환사채가 주가에 어떤 영향을 미치는가다.

사람들은 전환사채가 투자자와 발행자 모두에게 유리하다고 생각한다. 투자자는 채권의 안전성을 확보하면서 주가가 상승하면 추가 이익을 얻을 수 있고, 발행 기업은 사채보다 낮은 금리로 자금을 조달하면서 전환권이 행사되면 부채 부담도 덜어낼 수 있다는 것이다.

그러나 투자자는 전환사채의 전환권을 행사하는 순간 채권의 장점을 포기해야 하고, 발행 기업은 낮은 비용으로 자금을 조달하는 대가로 장차 보통주 주주에게 돌아갈 수익 일부를 내놓아야 한다.

전환사채의 가치는 전환사채의 특성에서 오는 것이 아니라 영업 실적과 재무 구조 등 여러 변수에 좌우된다. 특히 강세장 말기에 발행되는 전환사채는 실망스러운 실적을 안겨주기가 쉽다.

전환사채는 채권 측면에서는 우선청구권이라는 장점이

약했고, 주식 측면에서는 시장지수보다 실적이 나빴다. 전환사채가 원금 손실 위험은 일반 주식보다 작지만, 높은 수익을 거둘 가능성도 크지 않다. 특히 주가가 상승하면 매도하거나 전환할 시점을 정하기가 매우 어렵다. 전환사채 가격이 25% 이상 상승하면 투기성이 강해지므로, 방어적 투자자는 매도하는 편이 좋다.

전환사채의 투자 효율성을 검증하려면 시장 하락기의 실적을 측정해보아야 한다. 실제로 전환사채의 수익률은 만족스럽지 않았다.

"전환사채는 절대로 전환하지 말라"라는 월스트리트 격언이 있다. 전환권을 행사하는 순간 확정이자와 우선청구권이라는 채권의 장점이 사라지면서 투자가 투기로 바뀌기 때문이다.

이상적인 전환사채란 전환되는 주식 자체가 매력적이면서 전환 기준가가 현재 주가보다 약간 높은 증권이지만, 이런 전환사채는 찾기 어렵다.

전환사채가 주가에 미치는 영향

전환사채는 흔히 기업 인수합병 과정에서 많이 발행된다. 이렇게 전환사채를 발행하면 EPS가 증가하므로 주가가 상승하기 쉽다. 그러나 전환사채는 주식을 희석해서 EPS를 깎아 먹을 수 있다. 이런 희석 효과는 전환사채가 모두 전환된다고 가정하고 EPS를 계산하면 파악할 수 있다.

신주인수권

신주인수권은 사기에 가깝고 언젠가 재난을 불러올 수 있으므로, 발행을 법으로 엄격하게 제한해야 한다.

기업이 신주인수권을 발행하면 주식의 가치 일부가 신주인수권으로 넘어가므로 주주에게 손실이 발생한다. 그렇다고 신주인수권 발행 기업이 이득을 보는 것도 아니다. 기업은 만기 전에 투자자들에게 신주인수권 권리행사를 강요할

수 없다. 기업이 신주인수권 만기 이전에 자본이 필요해서 유상증자를 해야 한다면, 시가보다 낮은 가격으로 주식을 발행해야 한다. 그러면 신주인수권 투자자들이 행사 기준가를 낮추어 달라고 요구하게 되므로 상황이 복잡해진다.

후기

신주인수권은 탄생했다는 사실 자체가 죄악이다. 신주인수권의 만기는 일반적으로 5~10년이다. 채권은 만기가 길수록 변동성이 크듯이, 신주인수권도 만기가 길수록 수익 가능성이 크다.

17

극단적인 사례들

여기서는 신중한 투자자라면 위험 신호를 포착해서 피할 수 있었던 실패 사례 4가지를 다룬다.
월스트리트의 나쁜 관행도 문제지만, 나쁜 관행 대부분이 투자자 자신의 부주의와 탐욕의 결과라는 사실을 직시해야 한다.

여기서 살펴볼 다음 4개 기업의 참담한 실패 사례는 투자자와 투기꾼은 물론 투자 전문가, 애널리스트, 펀드매니저, 신탁회사에도 교훈을 준다.

1. 펜센트럴 Penn Central**철도**

펜센트럴 주식이나 채권을 보유한 사람들이 재무 구조만 기본적으로 분석했더라도 위험을 피할 수 있었다. 취약한 재무 구조에 비해 주가가 터무니없이 높았기 때문이다.

2. 링-템코-보트 Ling-Temco-Vought

무리한 기업 확장으로 붕괴를 피하기 어려운 회사였다. 은행의 무분별한 자금 공급도 붕괴에 일조했다.

3. NVF

중소기업이 특이한 회계 기법으로 막대한 부채를 일으켜, 자사보다 규모가 7배나 큰 회사를 인수한 사례다.

4. AAA 엔터프라이즈

중소기업이 '프랜차이즈'라는 말을 내세워 주식을 공모했으나, 2년도 지나지 않아 파산했다. 상장 초기에는 주가가 2배나 상승했다.

펜센트럴철도

1. S&P가 발행하는 〈채권 가이드Bond Guide〉에 의하면, 1968년 이 회사의 이자보상비율은 1.98배였다.《증권분석》에 의하면, 철도회사의 이자보상비율은 세전 5배, 세후 2.9배 이상이어야 한다. 펜센트럴은 11년 동안 법인세를 내지 않았으므로 세전 기준인 5배를 적용해야 타당하다.
2. 장기간 법인세를 내지 않았으므로 회사가 발표한 이익도 의심스럽다.
3. 펜센트럴 채권 보유자들은 1968~1969년에 추가 비

용 없이 훨씬 더 안전한 채권으로 교체할 수 있었다. 비슷한 가격에 거래되던 펜실베이니아철도Pennsylvania Railroad 채권은 세전 이자보상비율이 4.2배였으므로, 이 채권으로 교체했다면 큰 손실을 피할 수 있었다.

4. 1968년 펜센트럴이 발표한 EPS는 3.8달러였고 주가 고점이 86.5달러로서 PER 24였다. 법인세를 내지 않는 회사로서는 비현실적으로 높은 PER이었다.
5. 1966년 펜센트럴이 합병하면서 EPS 6.80달러를 발표하자 주가가 86.5달러까지 상승했다. 그러나 합병 손실과 비용으로 1971년에 주당 12달러를 차감할 예정이었다.
6. 펜센트럴은 운송비 비율(운송 비용을 영업수익으로 나눈 값으로서 효율성 지표)이 나빴다. 1968년 이 회사의 운송비 비율은 47.5%였고, 노퍽 앤드 웨스턴Norfolk & Western은 35.2%였다.
7. 특이한 회계 처리가 있었다.

교훈

유능한 애널리스트, 펀드매니저, 신탁회사, 투자자문사라면 1968년 이후 펜센트럴 주식이나 채권을 보유하지 않았을 것이다. 애널리스트는 먼저 기본적 분석에 충실해야 한다.

링-템코-보트

1. 1961년 회사는 온갖 비용과 충당금을 한꺼번에 인식해서(빅 배스**big bath**) 이후 실적을 높였다.
2. 1966년 말 주당 순유형자산은 7.66달러였고 1967년 주가는 순유형자산의 22배에 달했다. 그러나 우선주, 영업권, 채권할인발행차금을 제외하면 보통주의 가치는 주당 3달러에 불과했다.
3. 1967년 말경, 미국 일류 투자은행 두 곳이 나서서 링-템코-보트 주식 60만 주를 111달러에 공모했다. 이

후 주가가 169.5달러까지 상승했으나, 3년도 안 지나 7.125달러로 폭락했다.

4. 1969년 연결부채가 18억 6,900만 달러에 이르렀다.
5. 1969년과 1970년 손실이 회사 설립 이후 벌어들인 이익 합계를 초과했다.

교훈

이 회사는 이자보상비율을 비롯한 재무 비율이 기준을 충족하지 못했는데도 은행들이 과도하게 대출해주었다.

NVF

1. NVF는 자사보다 규모가 7배나 큰 샤론스틸Sharon Steel을 인수한 탓에, 과도한 부채를 떠안고 적자 전환했다.
2. 이연자산을 제외하면 보통주의 실질적인 가치는 주당

23.71달러에서 3달러로 감소했다. 게다가 회사가 다른 사람들에게 넘겨준 신주인수권의 가치가 이 회사 시가 총액보다 많았다.

3. 이 밖에도 회사는 다양한 회계 속임수를 동원했다.

AAA 엔터프라이즈

1. 프랜차이즈를 운영하는 AAA 엔터프라이즈 설립자 윌리엄스Jackie Williams는 1969년 주식 50만 주를 13달러에 공모했다. 1968년 이전 최대 이익이 주당 0.07달러였는데도 주가는 즉시 28달러로 상승해서 PER 115를 기록했다. 윌리엄스는 보유 주식을 BPS의 20배에 매각해서 큰 이익을 보았지만, 투자자들은 터무니없이 비싼 가격을 치렀다.
2. 같은 해 회사는 주당 1.49달러 손실을 기록해서 BPS가 0.08달러로 감소했다. 그런데도 1969년 종가는 8.125달

러였다.

3. 1970년 상반기에도 이 회사는 대규모 적자를 냈고, 1971년 1월 파산 신청을 했으며, 1월 종가는 0.5달러를 기록했다.

교훈

투기에 빠진 대중은 구제불능이다. 이들은 유행을 타는 테마주라면 가격 불문하고 무작정 매수하려고 덤벼든다. 책임감 있는 투자회사라면 이렇게 실패할 회사를 피해야 할 것이다. 증권거래위원회는 공모기업의 정보 공개 외에도 강력한 투자자 보호 조치를 취해야 한다.

현재 월스트리트의 나쁜 관행을 개혁하려는 움직임이 있지만, 나쁜 관행 대부분이 투자자 자신의 부주의와 탐욕의 결과라는 사실을 직시해야 한다.

“

주식시장에서
돈을 벌고 지키는 방법은 다양하며,
한 번의 행운이나 탁월한 결정이
평생에 걸친 노력보다
중요할 수도 있다.

그러나 행운이나 탁월한 결정을
맞이하려면 장기간에 걸쳐
능력을 쌓아야 한다.

”

18

기업 비교 분석

비슷해 보이는 상장기업 8쌍의 주요 특성을 비교 분석한다.
주가와 내재가치의 관계는 사례에 따라 달랐다. 건전한 회사가 시장의 비관론에 휩쓸려 과소평가되고, 부실한 회사가 투기에 휩쓸려 과대평가되기도 했다.

1. 리얼 이스테이트 투자신탁Real Estate Investment Trust(REI)과 리얼티 에쿼티 코프 오브 뉴욕Realty Equities Corp. of New York(REC)

REI는 역사가 100년에 육박하며 안정적으로 관리되는 신탁회사로서, 1889년 이후 매년 배당을 지급했다. 성장과 부채 수준을 적정하게 유지하면서 신중하게 투자하고 있다.

REC는 급성장한 뉴욕 소재 벤처 기업으로서, 8년 동안 자산이 620만 달러에서 1억 5,400만 달러로 급증했고, 부채도 같은 비율로 증가했다. 평범한 부동산회사로 시작해서 현재 경마장 2개, 극장 74개, 저작권 대행회사 3개, 광고회사, 호텔, 슈퍼마켓에 투자했고 대형 화장품회사 지분 26%(1970년 파산)를 보유하고 있다. 이 과정에서 다양한 재무 기법을 동원했다.

1960년에는 REI의 시가총액이 REC의 9배 수준이었다. 8년 후 REI의 매출과 EPS는 약 75% 증가했다. 그러나 REC는 약점투성이 기업으로 전락했다. 그 사이에 월스트리트는 REI는 무시하고 REC에 관심을 집중했다.

1968년 REI 주가는 20달러에서 30.25달러로 상승했으나,

REC 주가는 10달러에서 37.75달러로 상승하면서 신주인수권 가격이 6달러에서 36.5달러로 치솟았다. 1969년 BPS를 보면 REI는 20.85달러였으나 REC는 3.41달러에 불과했다. 이듬해 REC가 주당 5.17달러에 이르는 손실을 기록하자 주가가 9.5달러로 폭락했다. 1969~1970년 감사 의견을 거절당한 이 회사는 거래소에서 거래가 정지되었고, 장외시장 주가가 2달러 미만으로 떨어졌다. 반면에 REI는 1970년 저가가 16.5달러였고, 1971년 초에는 26.625달러까지 회복했다.

2. 에어프로덕츠 앤드 케미컬Air Products and Chemicals과 에어리덕션Air Reduction Co.

에어프로덕츠는 1969년 매출액이 에어리덕션의 절반에 불과한데도, 성장성과 수익성이 우수한 덕분에 시가총액은 25%나 더 많았다. PER은 수익성 높은 에어프로덕츠가 16.5이고 에어리덕션이 9.1에 불과하다. PBR 역시 에어프로덕츠가 1.65이지만 에어리덕션은 겨우 0.75다.

대부분 애널리스트는 다소 부실한 대신 주가가 낮은 에어리덕션보다는, 우량해서 주가가 높은 에어프로덕츠를 선호할 것이다.

지수가 내려간 1970년, 에어프로덕츠 주가는 16% 하락하고 에어리덕션 주가는 24% 하락했다. 그러나 1971년 초에는 두 종목 모두 반등했는데, 1969년 종가 대비 에어프로덕츠는 30% 상승하고 에어리덕션은 50% 상승했다. 저PER주가 유리한 모습이었다.

3. 아메리칸 홈 프로덕츠American Home Products Co.와 아메리칸 호스피탈 서플라이American Hospital Supply Co.

1969년 말 현재 홈과 호스피탈 두 회사는 공통점이 많다. 둘 다 영업권이 10억 달러에 이르고, 1958년 이후 매출이 감소한 적이 없으며, 성장성도 높고 재무 상태도 안정적이다. 그러나 성장성은 호스피탈이 더 높고 ROS와 ROE는 홈이 더 높다. 배당수익률과 이익수익률은 홈이 더 높지만 BPS는 호스피탈이 더 높다. 그러나 둘 다 주가가 BPS보다 훨씬 높으므로, 회사의 수익성이 조금만 나빠져도 매우 위험해진다.

현재 두 회사는 주가가 지나치게 높아서 방어적 투자자에게는 적합하지 않은 종목이다. 장래에 대한 기대감이 주가에 과도하게 반영되었다.

특히 호스피탈에 대한 시장의 기대감이 커서 PER이 홈보다 두 배나 높았다. 호스피탈은 1970년 실적이 약간 하락했고 홈은 8% 성장했다. 이듬해 2월 호스피탈의 주가는 1969년 종가보다 약 30% 하락했으나, 홈의 주가는 약간 상승했다.

4. H&R블록H&R Block과 블루벨Blue Bell

유니폼 제조회사 블루벨은 1916년에 사업을 시작했고 1923년 이후 계속 배당을 지급했다. 그러나 시장에서 소외당한 탓에, S&P500의 PER은 17인데도 이 회사의 PER은 11에 머물렀다.

H&R블록은 1961년 사업을 시작해서 8년 동안 빠르게 성장한 덕분에 1969년 말 PER이 100에 이르렀다. 시가총액은

유형자산의 30배에 육박했다. 블루벨은 H&R블록에 비해 매출 4배, 이익 2.5배, 유형자산 5.5배, 배당수익률 9배에 이르는데도 시가총액은 3분의 1 미만이었다.

보수적인 애널리스트라면 주저하지 않고 블루벨을 추천했을 것이다.

1970년 시장이 공황에 빠지자 H&R블록 주가는 33%, 블루벨은 25%, 하락했지만, 1971년 H&R블록은 75달러까지 상승했고 블루벨은 2주를 3주로 분할하고서도 109달러까지 치솟았다.

5. 인터내셔널 플레이버스 앤드 프래그런스International Flavors & Fragrances와 인터내셔널 하비스터International Harvester Co.

농기계 제조회사 하비스터가 향료회사 플레이버스보다 보통주자본은 17배, 매출은 27배나 큰데도, 시가총액은 수익성과 성장성이 뛰어난 플레이버스가 더 컸다. ROS와 ROE는 하비스터가 2.6%와 5.5%인 데 비해 플레이버스는 14.3%와 19.7%였다. 이에 따른 PER이 하비스터는 10.7이었지만

플레이버스는 55였다. PBR은 하비스터는 0.59에 불과했지만 플레이버스는 10.5에 이르렀다.

플레이버스는 훌륭한 회사이긴 하지만 지나치게 고평가되었다. 하비스터는 매우 평범한 회사여서 할인된 가격으로도 매력이 없었다.

하비스터는 1970년 약세장에서도 주가 하락률이 10%에 그쳤지만 플레이버스는 30% 하락했다. 이후 회복기에 둘 다 1969년 고점 이상으로 상승했으나, 하비스터는 곧 하락했다.

6. 맥그로에디슨McGraw Edison과 맥그로힐McGraw-Hill

출판회사 맥그로힐의 PER이 공익기업 맥그로에디슨의 2배가 넘는다. 이는 출판회사가 시장에서 과도한 인기를 끌었기 때문이다. 1968년 맥그로힐은 PER이 35이고, 주가가 유형자산의 약 8배여서 영업권이 10억 달러나 되었다. 반면에 맥그로에디슨의 주가는 합리적인 수준이었다.

1971년 5월 현재 맥그로힐 주가는 1968년 종가의 60% 선에 불과하지만, 맥그로에디슨의 주가는 1968년 종가를 넘어섰다. 맥그로힐은 무분별한 낙관과 비관에 주가가 휘둘리는 모습을 보여준다.

7. 내셔널 제너럴National General Corp.과 내셔널 프레스토 인더스트리National Presto Industries

복합기업 제너럴은 전환우선주, 신주인수권, 전환사채 등을 대량으로 발행한 탓에 이들의 시가총액이 5억 달러가 넘고, 곧 발행할 전환사채까지 포함하면 7억 5,000만 달러에 이른다. 신주인수권을 고려하면 보통주의 가치가 희석되어 PER이 69에 도달하며, 보통주 등가물의 시가총액은 4억 1,300만 달러가 되어 유형자산의 3배가 넘는다.

반면에 전기용품회사 프레스토는 PER이 6.9이고 모든 재무 비율이 만족스럽다.

제너럴은 부채를 일으켜 사업다각화를 진행했는데, 1969년 대규모 대손 처리 탓에 1968년 44.25달러였던 주가가 1970년 9달러까지 떨어졌다가 1971년 28.5달러까지 회복

되었다.

프레스토는 10년 연속으로 이익이 늘었는데도 1968년 38.625달러였던 주가가 1970년 21.5달러까지 내려갔다가 1971년 34달러가 되었다. 이런 종목 10개에 분산투자한다면 틀림없이 만족스러운 실적을 거둘 것이다.

8. 와이팅Whiting Corp.과 윌콕스 앤드 깁스Willcox & Gibbs

소규모 복합기업 윌콕스는 와이팅보다 매출과 이익이 더 적고, 순자산은 절반에 불과하며, 13년 동안 배당을 지급하지 않았는데도 시가총액이 4배나 크다. 반면에 자재 운반 · 관리 장비회사 와이팅은 장기간 만족스러운 이익을 내면서 1936년 이후 배당을 계속 지급했고, 배당수익률도 최고 수준이다.

윌콕스는 1970년 소폭 영업 손실을 기록하자, 주가가 전년 말 15.5달러에서 4.5달러까지 떨어졌다가 1971년 2월 9.5달러까지 회복되었다. 와이팅은 주가가 전년 말 17.75달러에서 1970년 16.75달러로 약간만 하락했다.

종합적 견해

주가와 내재가치의 관계는 사례마다 달랐다. 대체로 성장성과 수익성이 뛰어난 기업의 PER이 높았으므로 합리적이었다. 그러나 PER의 차이도 합리적이었는지는 불확실하다.

한편 건전한 회사가 시장의 비관론에 휩쓸려 과소평가되고, 부실한 회사가 투기에 휩쓸려 과대평가되는 사례도 있었다.

애널리스트들은 시장 흐름과 기업의 수익성을 고려해서 유망 종목을 발굴하려고 노력하지만, 나는 그 성과에 매우 회의적이다. 나는 주가가 내재가치보다 훨씬 낮은 종목을 발굴하는 방식을 선호한다.

"

가장 사업처럼 하는 투자가
가장 현명한 투자다.

건전한 원칙을 지켜 성공한
유능한 사업가들도,
주식시장에서 투자할 때는
건전한 원칙을 완전히 무시하는 사례가
놀라울 정도로 많다.

"

19

주주와 경영진
배당 정책

주주들은 배당을 더 많이 받고 싶어 하지만, 경영진은 이익을 유보하고 싶어 한다. 유보이익이 효과적으로 재투자되면 결국 주주들에게 이득으로 돌아간다. 그러나 유보이익이 효과적으로 재투자되지 못한다면 주주들은 배당을 요구해야 한다.

주주들은 경영진에게 현명하면서도 적극적인 태도를 보여야 한다. a) 실적이 만족스럽지 않거나, b) 경쟁 기업보다 실적이 나쁘거나, c) 장기적으로 주가가 만족스럽지 않다면 주주들은 경영진에게 문제를 제기해야 마땅하다.

그러나 기업의 부실 경영은 주주들이 원할 때가 아니라 인수합병 위협을 당할 때에야 바로잡힌다.

이사회가 경영진을 교체하는 경우가 전보다 늘어나긴 했으나, 장기간 실적 악화를 방치하는 사례도 많다.

배당

그동안 주주들은 더 많은 배당을 원했지만, 경영진은 이익을 유보하고 싶어 했다. 그러나 최근에는 기업이 이익을 유보해서 기업 가치를 높일 수만 있다면, 주주들도 저율 배당을 수용하는 태도로 바뀌고 있다. 과거에도 성장률이 높을수록 투자자들은 저율 배당을 수용했고, 고성장 기업들은 무배당이어도 주가에 큰 영향이 없었다. 반면에 성장성이 낮아서 현재 실적이 중요한 이른바 배당주는 배당률에 따라 주가가 큰 영향을 받는다.

기업이 이익을 유보하고서도 EPS를 충분히 높이지 못했다면 주주들은 경영진에게 해명을 요구해야 한다. 성장이 부진한데도 사업을 확장하겠다고 이익을 유보하는 것은 설득력이 부족하다.

주식 배당과 액면분할

액면분할은 주식 수를 늘려 주가를 낮춤으로써 주식이 더 활발하게 거래되도록 하는 제도다. 기술적으로는 주식 배당을 통해서도 액면분할의 효과를 얻을 수 있다.

주식 배당은 비교적 최근에 유보이익을 재투자해서 얻은 이익을 주주들에게 주식으로 지급하는 방식이다. 주식 배당은 대개 규모가 작아서 5%를 넘지 않는다. 주주들은 배당으로 받은 주식을 매도하면 현금 배당과 같은 효과를 얻을 수 있다.

학자들은 주식 배당이 불필요한 비용만 유발할 뿐, 실질적으로 아무 효용이 없다고 평가절하한다. 그러나 이는 현실을 모르는 탁상공론에 불과하다. 주식 배당을 받으면 주주들의 보유 주식 수가 증가하므로, 현금이 필요하면 배당으로 받은 주식을 매도하면 된다. 만일 보유 주식을 그대로 유지하면 늘어난 주식 수만큼 배당이 증가한다.

“

기업이 이익을 유보하고서도
EPS를 충분히 높이지 못했다면
주주들은 경영진에게
해명을 요구해야 한다.

성장이 부진한데도
사업을 확장하겠다고
이익을 유보하는 것은
설득력이 부족하다.

”

20

가장 중요한 개념은 안전마진

공격적 투자에 성공하려면 안전마진의 개념을 이해하고 항상 안전마진을 확보해야 한다. 현명한 투자는 사업을 운영하듯 실행하는 것이므로 사업 운영의 원칙을 지켜야 한다. 그러면 자질이 부족한 사람도 방어적 투자로 만족스러운 실적을 얻기는 어렵지 않다.

현명한 투자의 비법을 한마디로 요약하면 '안전마진'이다.

철도회사 채권이 투자등급으로 인정받으려면 여러 해 세전이익이 고정비용의 5배 이상이 되어야 한다. 이렇게 고정비용을 초과하는 세전이익은, 이후 기업에 손실이 발생하더라도 투자자의 손실을 상당 기간 막아주는 방패의 역할을 한다. 이것이 안전마진이다.

안전마진이 크면 미래 실적을 정확하게 예측하느라 애쓸 필요가 없다. 단지 미래 실적이 대폭 하락하지 않으리라는 확신만 있으면 충분하다.

채권의 안전마진은 회사의 가치와 부채를 비교해서 계산할 수 있다. 예를 들어 회사의 가치가 3,000만 달러이고 부채가 1,000만 달러라면, 이론상으로는 회사의 가치 3분의 2가 감소하더라도 채권 투자자들은 손실을 보지 않는다.

주식도 우량 채권처럼 충분한 안전마진을 확보할 수 있다. 예를 들어 보통주만 발행한 회사가 있다고 가정하자. 이 회사가 '자산과 수익력을 근거로 무리 없이 발행할 수 있는 채권액'보다 '주식의 시가총액'이 작다면, 이 주식에는 상당한 안전마진이 들어 있다. 이런 주식을 매수하면 채권과 같은 안전마진을 확보하면서도 주식 고유의 배당소득과 자본이득까지 기대할 수 있다. 1923~1933년 침체기에 재무 구조가 건전한 제조회사 주식들이 바로 이런 상황이었다.

주식의 안전마진은 '회사의 수익력이 채권 수익률을 훨씬 초과할 때' 확보된다. 예를 들어 한 회사의 이익수익률(EPS/주가)이 9%이고 채권 수익률이 4%라고 가정하자. 이 주식은 수익률 면에서 채권보다 연 5%포인트 유리하다. 이 회사는 초과수익률 일부를 투자자에게 지급하고 나머지는 재투자해서 회사의 가치를 높일 것이다.

10년이 지나면 채권 수익률 대비 주식의 초과수익 누적액은 주식 매수 가격의 50% 수준에 이를 수 있다. 바로 이것이 안전마진이 되어 손실을 막거나 줄여줄 것이다. 이런 종목 20개 이상에 분산투자하면, 특별히 나쁜 상황만 아니라면 십중팔구 좋은 실적이 나올 것이다. 그래서 대표주에 투자하면 대단한 통찰이나 선견지명 없이도 성과를 얻을 수 있다.

오랜 경험을 돌아보면, 투자자들이 큰 손실을 보는 것은 우량주를 높은 가격에 매수할 때가 아니라, 호황기에 부실주를 매수할 때였다. 사람들은 호황기에 기업이 내는 이익을 정상(正常) '수익력'으로 생각했고, 수익력이 높으므로 안전하다고 착각했다. 그래서 2~3년 탁월한 실적을 낸 무명 기업은 유형자산가치보다 터무니없이 높은 가격에 주식을 발행할 수 있었다. 이런 증권에 대해서는 안전마진을 인정할 수 없다. 따라서 안전마진이 있는지 판단하려면, 1970~1971년 같은 불황기를 포함해서 장기간 좋은 실적을 냈는지 확인해야 한다.

분산투자 이론

안전마진 개념과 분산투자 개념은 논리적으로 밀접하게 연결된다. 개별 종목은 안전마진이 있더라도 실적이 나쁘게 나올 수 있다. 안전마진은 이익 가능성을 높여줄 뿐, 손실 위험을 완전히 막아주지는 않기 때문이다. 그러나 투자 종목 수가 증가할수록 전체 실적에서 이익이 날 가능성이 더 커진다. 이것이 바로 보험 영업의 기본 원리다.

투자와 투기의 기준

투기 대신 진정한 투자를 하려면 진정한 안전마진을 확보해야 한다. 그리고 진정한 안전마진이 되려면 숫자, 타당한 추론, 실제 경험으로 뒷받침할 수 있어야 한다.

투자 개념 확장

비우량주라도 매우 낮은 가격에 매수하면 건전한 투자가 될 수 있다. (단, 매수자는 정보가 풍부하고 노련해야 하며 분산투자를 실행해야 한다.) 가격이 매우 낮으면 안전마진이 충분해지므로 우리 투자 기준을 충족하기 때문이다. 이렇게 얻는 이익은 매우 신중하게 투자한 데 대한 보상이다.

정리

가장 사업처럼 하는 투자가 가장 현명한 투자다. 건전한 원칙을 지켜 성공한 유능한 사업가들도, 월스트리트에서 투자할 때는 건전한 원칙을 완전히 무시하는 사례가 놀라울 정도로 많다. 회사가 발행한 증권은 그 회사 일부에 대한 소유권으로 보아야 한다. 증권을 매매해서 이익을 얻으려는 행위도 일종의 사업이므로, 사업을 운영하듯이 원칙을 지키면서 실행해야 한다.

첫 번째 원칙은 자신이 하는 사업을 제대로 파악하는 것이다. 사업가는 자신이 다루는 상품의 가치를 제대로 알아야 '사업 이익'을 얻을 수 있다. 마찬가지로 투자자도 증권의 가치를 제대로 알아야 이자와 배당을 초과하는 '사업 이익'을 기대할 수 있다.

두 번째 원칙은 다음 두 조건이 충족되지 않으면 사업 운영을 함부로 다른 사람에게 맡기지 않는 것이다. (1) 대리인의 실적을 충분히 이해하고 감독할 수 있으며, (2) 대리인이 유능하고 정직하다고 믿을 근거가 확실해야 한다. 투자 자금을 다른 사람에게 맡길 때도 이 두 조건이 충족되어야 한다.

세 번째 원칙은 합당한 이익을 기대할 수 있다는 확실한 계산이 나오지 않는다면 사업을 시작해서는 안 된다는 것이다. 적게 얻고 많이 잃을 위험한 사업은 멀리하라. 투자의 바탕은 막연한 낙관론이 아니라 확고한 숫자가 되어야 한다. 우량 등급 채권이나 우선주에 투자하듯이 목표 수익률을 낮

추고, 위험에 노출되는 원금 비중이 커지지 않도록 유의해야 한다.

네 번째 원칙은 용기 있게 지식과 경험을 활용하라는 것이다. 내가 사실에 근거해서 결론을 내렸고 이 판단이 건전하다고 믿는다면, 다른 사람들의 생각과 다르더라도 실행하라. (다른 사람들의 생각과 일치해야 내 판단이 옳은 것은 아니다. 내 데이터와 추론이 옳다면 내 판단이 옳은 것이다.) 투자에서는 지식과 판단력이 충분할 때만 용기가 최고의 장점이 된다.

일반 투자자는 자신의 야심을 억제하고 안전하게 방어적 투자에 머물기만 하면, 이런 자질이 부족하더라도 투자에 성공할 수 있다. 만족스러운 투자 실적을 얻기는 생각만큼 어렵지 않으나, 우수한 실적을 얻기는 생각보다 어렵다.

"

증권 매매로 이익을 얻으려는 행위도
일종의 사업이다.
사업을 하듯이 원칙을 지키면서 실행해야 한다.
합당한 이익을 기대할 수 있다는
확실한 계산이 나오지 않으면,
사업을 시작해선 안 된다.

사업의 바탕은
낙관론이 아니라
숫자다.

"

그레이엄-도드 마을의 탁월한 투자자들
The Superinvestors of Graham-and-Doddsville

– 1984년 워런 버핏이 《증권분석》 출간 50주년을 기념해 컬럼비아대에서 강연한 내용을 요약했다.

'가격이 가치보다 낮아서 안전마진이 큰 종목을 찾는' 그레이엄과 도드의 증권분석 기법은 이제 낡은 기법일까? 교수들은 주식시장이 효율적이라고, 즉 회사의 전망과 상태에 관한 공개 정보가 주가에 이미 반영되었기에 저평가 종목은 존재하지 않는다고 주장한다. 초과수익을 내는 것은 단지 운이 좋을 뿐이라는 것이다.

그러나 해마다 S&P500지수를 초과하는 수익을 내는 투자자 집단이 있다. 수많은 투자자 중에서 승자만 골라낸 것이 아니고 회계감사를 통해 실적을 확인했다. 이들의 연속

적인 초과수익이 운이라는 주장이 맞는지 분석하기 전에 동전 던지기 대회를 상상해보자.

아침에 2억 2,500만 명이 1달러를 걸고 동전 던지기를 한다. 승리한 사람은 패배한 사람의 돈을 받고 다음 날 아침 같은 방식으로 시합이 진행된다. 10일째에는 참가자가 22만 명으로 감소하고 이들이 각자 번 돈은 1,000달러가 넘는다. 이제 이들은 자신의 동전 던지기 솜씨를 자랑하기 시작한다. 여기서 또 10일이 지나면 20회 연속 승리한 사람은 215명으로 감소하며 이들이 각자 모은 돈은 100만 달러가 넘는다. 이 무렵《아침마다 30초씩 일해서 20일 만에 1달러를 100만 달러로 불리는 법》이라는 책이 출간된다. 그리고 일부 참가자는 '효율적인 동전 던지기 기법'을 강연하러 다닌다.

이들은 회의론자의 질문에 이렇게 반박한다. "20회 연승이 불가능하다면 어떻게 우리 215명이 나왔겠는가?" 그러나 일부 경영대학원 교수는 원숭이 2억 2,500만 마리가 동전을 던져도 20회 연승자 215마리가 나왔을 것이라고 말한다.

그런데 원숭이 215마리 중 40마리가 오마하에서 나왔다면 어떻게 설명하겠는가? 다양한 변수 중에서 '사고 체계'도 원인이 될 수 있다. 투자 분야는 그레이엄-도드 마을이라는 자그마한 사고 체계에서 승자가 파격적으로 많이 나왔다. 이들은 서로 다른 곳에서 서로 다른 주식과 기업을 사고팔았는데도 모두 놀라운 실적을 기록했으니 우연이라고 말할 수 없다. 그레이엄이 이 사고 체계를 제시했고, 그레이엄-도드 마을의 투자자들은 그 사고 체계를 적용하는 방식을 각자 선택했다.

이들의 공통적인 가치 체계는 기업의 '가치'와 시장에서 거래되는 그 기업 일부의 '가격'이 크게 다른 경우를 찾아내는 것이다. 이를 사용해서 성공한 가치투자자로 그레이엄-뉴먼에서 함께 일했던 사람들을 소개한다. 월터 슐로스는 대형 우량주에 광범위하게 분산투자해서 28년 누적 수익률 23,104.7%를 거둠으로써 S&P500지수의 887.2%를 엄청나게 압도했다. 이후 트위디브라운을 설립한 톰 냅은 인지도가 훨씬 낮은 기업들에 분산투자를 했고 역시 15년 동

안 누적 수익률로 S&P500의 191.8%를 뛰어넘는 1,661.2%를 냈다. 워런 버핏이 설립한 버핏 투자조합은 1969년 해산하기 전까지 12년 동안 누적 수익률 2,794.9%를 내서 다우지수 152.6%를 납작하게 했다. 버핏이 투자조합을 해산하면서 조합원들을 맡아달라고 부탁해서 빌 루안이 설립한 세쿼이아펀드는 성장주가 득세한 어려운 장세에서도 잘 운용해서 14년간 누적 수익률이 S&P500의 270.0%를 넘어서는 775.3%를 기록했다. 이어서 가치투자 기법으로 자금을 운용한 찰리 멍거, 릭 게린, 스탠 펄미터, 워싱턴포스트 연기금, FMC펀드의 성향과 실적을 상세하게 소개한다.

위험과 보상에는 간혹 양의 상관관계가 존재하지만, 가치투자 포트폴리오에서는 기대 보상이 더 커질수록 위험은 더 작아진다. 기업 가치를 추정하려면 지식을 갖추어야 하며, 그레이엄의 말처럼 안전마진을 충분히 확보해야 한다. 앞으로도 시장에서 가치와 가격의 차이는 계속 벌어질 것이며, 그레이엄과 도드의 책을 읽는 사람들은 계속 성공할 것이다.

그레이엄은 기업의 실적과 주가를 기준으로 일관된 투자 전략을 유지했다. 고평가 종목은 매수하지 않았고, 보유 종목이 적정가 이상으로 상승하면 서둘러 처분했다. 포트폴리오에 100종목 이상 편입해서 분산투자했다. 이렇게 해서 평균 수익률 연 20%를 올렸다.

1949년, 그레이엄은 시장에서 소외된 어느 성장 기업 주식 50%를 매집할 수 있었다. 그 기업의 주가가 당시 이익과 자산가치에 비해 훨씬 저평가되었기 때문에 펀드 자산의 5분의 1이나 베팅했다. 이후 주가가 200배나 치솟아 고평가된 듯했지만 계속 보유해서 펀드 투자자 모두 백만장자가 되었다. 이 투자 한 건에서 얻은 이익이 20년 동안 수많은 거래에서 얻은 이익을 압도했다.

이 사례가 주는 교훈은 a) 월스트리트에서 돈을 벌고 지키는 방법은 다양하며, b) 한 번의 행운이나 탁월한 결정이 평생에 걸친 노력보다 중요할 수도 있다는 점이다. 그러나 행운이나 탁월한 결정을 맞이하려면 장기간에 걸쳐 능력을 쌓아야 한다.

이 책을 관통하는 주제

- 이 책에서는 '대박 터뜨리는 법'을 다루지 않는다.
- 이 책은 투기꾼이 아니라 투자자를 대상으로 썼으므로, 먼저 투자와 투기를 구분한다.
- 월스트리트에서 쉽게 부자 되는 방법은 없다.(다른 곳에서도 마찬가지다.)
- 아무리 시장이 급변하더라도 건전한 투자 원칙이라면 자주 변해서는 안 되는 법이다.
- 이 책에서는 투자자를 두 가지 유형으로 구분한다. 방어적 투자자란 손실이 발생하는 것을 싫어하거나, 투자에 대해 자주 고민하고 싶지 않은 사람이다. 공격적 투자자란 유망하고 매력적인 종목을 찾기 위해 시간과 노력을 아끼지 않고, 그 결과 방어적 투자자보다 더 높은 수익을 거두려는 사람이다.
- 성장 전망이 밝다고 해서 반드시 수익성이 높은 것은 아니다.
- '전문가'들도 유망 산업에서 유망 기업을 정확하게 찾아내기는 어렵다.
- 투자자를 곤경에 빠뜨리는 가장 무서운 적은 자기 자신

이다. 이성을 잃고 시장에 휩쓸리기 쉽기 때문이다. 투자할 때는 항상 건전한 사고방식을 유지해야 한다.

- 내재가치를 측정하고 계량화하면 실수의 위험을 줄일 수 있다. 매수하기에 적정한 주가인지 계산해보아야 한다. 주식을 매수할 때는 향수가 아니라 식료품을 사듯이 실용적이 되어야 한다.
- 아무리 초보자라도 조금만 노력하면 화려하지는 않지만 괜찮은 투자 성과를 올릴 수 있다. 초보자인데도 짧은 지식으로 잔머리를 굴리면 오히려 안 좋은 결과가 될 수도 있다.
- 시장 평균 실적은 쉽게 얻을 수 있다. 지수를 매수하면 된다. 그러나 초과수익을 얻기는 매우 어렵다. 장기간 운용된 펀드의 실적을 보면 알 수 있다.
- 포트폴리오는 단순하게 구성하는 편이 좋다. 우량 등급 채권과 다양한 대표주로 구성하라.
- '안전마진' 원칙이 투자의 바탕이 되어야 한다.
- 시장에 휩쓸리면 거의 예외 없이 망한다는 사실을 항상 명심하라.

- 내가 지불하는 시장 가격과 획득하게 되는 내재가치를 항상 비교하는 습관을 유지해야 한다.
- 가장 사업처럼 하는 투자가 가장 현명한 투자다.
- 증권은 그 기업 일부에 대한 소유권으로 보아야 한다.
- 증권을 매매해서 이익을 얻으려는 행위도 일종의 사업이므로, 사업을 운영하듯이 실행해야 한다.
- 첫 번째 원칙은 자신이 하는 사업을 제대로 파악하는 것이다.
- 사업 운영을 함부로 다른 사람에게 맡겨서는 안 된다.
- 합당한 이익을 기대할 수 있다는 확실한 계산이 나오지 않는다면 사업을 시작해서는 안 된다.
- 적게 얻고 많이 잃을 위험한 사업은 멀리하라.
- 사업의 바탕은 낙관론이 아니라 숫자가 되어야 한다.
- 용기 있게 지식과 경험을 활용하라.
- 투자에서는 지식과 판단력이 충분할 때만 용기가 최고의 장점이 된다.
- 일반 투자자는 야심을 억제하고 안전하게 방어적 투자에 머물러야 한다.

《현명한 투자자》는 1928년 벤저민 그레이엄이 컬럼비아 경영대학원에서 가르치기 시작한 투자 기법을 담아 1949년에 처음 출간되었다. 책의 내용은 먼저 발간된 《증권분석》에 실렸던 것이다. 이후 1959년, 1965년, 1973년에 개정판을 냈다.
그레이엄은 1976년 세상을 떠났다. 제이슨 츠바이크 Jason Zweig가 4판에 해설을 추가한 개정판이 2003년에 출간되었다.

벤저민 그레이엄의 마지막 심층 인터뷰

— 1976년 3월 6일, 미국 캘리포니아주 라호야에서 CFA미국협회의 하트먼 버틀러 2세가 벤저민 그레이엄을 인터뷰했다. 그레이엄 사망 전 마지막 인터뷰여서 더욱 의미가 있다.

버틀러 그레이엄 선생님, 오늘 오후 인터뷰를 허락해 주셔서 대단히 감사합니다. 제가 아내와 함께 라호야에 간다고 하니까 로버트 밀른이 녹음기를 가져가라고 하더군요. 오늘 선생님께 듣고 싶은 말씀이 많습니다. 먼저 요즘 화제가 되고 있는 가이코 이야기부터 해주시겠습니까? 주요 뉴스로 자주 등장하네요.

그레이엄 그러시죠. 매도자 측 사람들이 우리 사무실을 방문했습니다. 우리는 협상을 통해서 가이코의 지분 절반을 72만 달러에 인수했습니다. 나중에 밝혀졌지만 이 회사는 주식시장에서 10억 달러 이상으로 평가받았습니다. 매우 이례적인 일입니다.

그러나 법에 의하면 펀드는 보험사 지분을 10%까지만 보유할 수 있으므로, SEC 규정에 따라 초과 지분을 주주들에게 분배할 수밖에 없었습니다. 그래서 제리 뉴먼과 저는 오래전에 은퇴했는데도 가이코 경영에 적극적으로 참여하게 되었습니다.

다행히 저는 최근 가이코의 대규모 손실과 아무 관계가 없습니다.

버틀러 선생님은 가이코가 생존할 것으로 보십니까?

그레이엄 네. 생존할 것으로 봅니다. 생존하지 못할 근본적인 이유가 없습니다. 그러나 가이코가 이런 대규모 손실 가능성을 고려하지 않은 채 과도하게 확장한 것은 아닌가 하는 생각이 듭니다.

가이코가 한 해에 떠안은 손실 규모를 생각하면 오싹할 정도입니다. 도무지 믿어지지가 않아요! 최근 몇 년 동안 한 해 손실이 50만 달러, 100만 달러에 이른 대기업이 과연 몇이나 있을지 의문입니다. 전대미문의 손실 규모입니다. 손실의 귀재가 아니고서야 이런 규모로 손실을 보기도 어렵습니다.

버틀러 투자 분야에서 살아온 인생을 돌아볼 때 가장 중요한 사건이나 전기는 무엇이었나요? 선생님은 1914년에 월스트리트에 발을 들여놓으셨지요?

그레이엄 제 첫 번째 사건은 평범했습니다. 당시 초보자들의 주급은 10달러였는데 저는 파격적으로 12달러를 받았습니다. 그런데 2개월 뒤 제1차 세계대전이 시작되어 주식시장이 폐쇄되었습니다. 내 주급은 10달러로 낮아졌습니다. 젊은이들이 직장 생활 초반에 흔히 겪는 일이지요.

이후 내게 정말로 중요했던 사건은 1929년 주식시장 붕괴였습니다. 이 기간을 제외하면 15년 동안 계속 성공 가도를 달렸습니다.

버틀러 주식시장 붕괴를 예상하셨나요, 아니면 깜짝 놀라셨나요?

그레이엄 예상하지 못했습니다. 단지 주가가 너무 높다고만 생각했습니다. 그래서 인기 투기 종목은 가까이하지 않았습니다. 나는 건전하게 투자한다고 생각했습니다. 그러나 신용융자를 쓰고 있었는데 이것이 실수였습니다. 그 결과 1929~1932년 내내 진땀을 흘렸습니다. 이후에는 그런 실수를 되풀이하지 않았습니다.

버틀러 1929년 시장 붕괴를 제대로 예상한 사람이 있었나요?

그레이엄 뱁슨Roger Babson이 예상했습니다. 그러나 그는 5년 전부터 주식을 매도했습니다.

버틀러 그러면 1932년부터 손실을 만회하신 건가요?

그레이엄 그때도 내내 고전했지요. 우리는 1937년이 되어서야 1929년 수준을 회복했습니다. 이후에는 계속 매우 순조롭게 풀렸습니다.

버틀러 1937~1938년 하락기에는 잘 대비하셨습니까?

그레이엄 다른 이사들이 해준 건전한 조언에 따라 우리 투자 방식을 변경했습니다. 우리는 기존 투자 방식 일부를 포기하고 지속적으로 성과를 거둔 투자 방식에 집중했습니다. 이후 계속 실적이 좋았습니다. 1948년 가이코에 투자한 이래로 계속 성과가 매우 훌륭했습니다.

버틀러 1940~1941년의 일시적 약세장에서는 어떠셨나요?

그레이엄 그때는 전형적인 하락기에 불과했습니다. 우리는 그 기간에도 수익을 냈지요.

버틀러 제2차 세계대전이 시작된 다음에도 수익을 내셨다고요?

그레이엄 네. 그렇습니다. 우리는 투자에 아무 문제가 없었습니다. 제가 투자에 흥미를 잃은 이유입니다. 1950년 이후에는 진지하게 도전할 만한 과제가 나타나지 않았습니다. 그래서 1956년경 투자를 접었고 이곳 캘리포니아로 이사 왔습니다. 이제는 사업 기반이 확고해져서 더는 기본적인 문제가 발생하지 않은 듯합니다. 우리 사업은 만족스러운 기반 위에서 순조롭게 굴러갔으므로, 대개 과거의 문제들이 반복적으로 나타날 뿐, 특별히 관심을 기울일 만한 과제가 없었습니다.

약 6년 전, 우리는 그레이엄-뉴먼 코퍼레이션을 청산하기로 했습니다. 주된 이유는 회사를 물려줄 마땅한 경영진이 없었다는 점입니다. 게다가 특별히 관심을 기울일 만한 일도 기대하기 어려웠습니다. 원했다면 회사 규모를 거대하게 키울 수도 있었습니다. 그러나 자본금 규모를 최대 1,500만 달러로 제한했습니다. 요즘 기준으로는 새 발의 피 수준이죠.

관심사는 '연 수익률을 최대 얼마까지 올릴 수 있느냐'였습니다. 즉 관건은 최대 수익 규모가 아니라 최대 연 수익률이었습니다.

버틀러 고전적 저서《증권분석》의 집필을 결심한 시점은 언제입니까?

그레이엄 1925년경입니다. 11년 지내고 나니까 월스트리트를 충분히 파악했다는 생각이 들더군요. 다행히 책을 쓰기 전에 이 주제에 대해 더 배워야겠다는 생각이 들었습니다. 그래서 강의를 시작하기로 마음먹었습니다. 저는 컬럼비아 경영대학원 야간 강좌 강사가 되었습니다. 1928년에는 '투자Investments'라는 과목명으로 증권 분석과 금융을 다루는 과정을 개설했고 150명이 수강했습니다. 월스트리트가 대호황을 누리던 시점이었지요.

그 결과 1934년이 되어서야 데이비드 도드와 함

께 책을 내게 되었습니다. 도드는 첫해에는 제 수강생이었습니다. 당시 컬럼비아대 조교수였는데 학습에 대한 갈망이 대단했습니다. 책 저술에 없어서는 안 될 인물이었습니다. 초판은 1934년에 출간되었습니다. 브로드웨이에서 겨우 1주일 공연된 제 희곡이 나온 해이기도 하죠.

버틀러 선생님이 쓴 희곡이 브로드웨이에서 공연되었다고요?

그레이엄 예. "Baby Pompadour(올백 머리 아기)"와 "True to the Marines(터무니없는 소리)"입니다. 사실은 한 작품인데 두 가지 제목으로 두 번 공연되었죠. 성공하지 못했습니다. 다행히 《증권분석》은 훨씬 성공적이었습니다.

버틀러 최고의 책으로 인정받았지요?

그레이엄 사람들이 "그레이엄과 도드의 바이블"이라고 불렀지요. 내가 장기간 온 힘을 기울여 쓴 책이지만, 이제는 증권 분석 세부 사항 대부분에 대해 흥미를 잃었습니다. 비교적 중요하지 않다는 생각이지요.

어떤 면에서는 증권 분석 전반에 대한 저의 생각이 달라졌습니다. 지금은 몇 가지 기법과 간단한 원칙으로도 투자에 성공할 수 있다고 생각합니다. 핵심은 올바른 일반 원칙을 세우고 그 원칙을 고수하는 것입니다.

버틀러 제 경험으로는 경영진의 차이를 제대로 파악하려면 산업을 연구해야 합니다. 이 문제를 해결할 수 있는 사람이 애널리스트라는 생각이고요.

그레이엄 그 생각에 반대하지 않겠습니다. 그러나 이런 종목 접근법으로 애널리스트들이 과연 얼마나 성과를 낼 수 있을지 저는 매우 회의적입니다. 최근 몇 년 동안 제가 연구하면서 역설하는 것이 집단 접근법입니다. 몇 가지 단순한 기준에 따라 저평가 종목군을 찾아내는 방법입니다. 산업에 구애받지 않고 개별 기업에도 거의 관심을 기울이지 않으면서 말이지요. 최근 제가 보통주에 적용하는 세 가지 단순한 기법에 관해서 논문을 썼는데 당신네 세미나 자료집에도 실려 있습니다.

이제 저는 50년 연구를 마무리하고 있습니다. 이런 단순한 기법들을 주식 집단, 실제로는 무디스 산업주식그룹**Moody's Industrial Stock Group**에 속한 전체 종목에 적용하고 있습니다. 지난 50년 실적이 매우 좋았습니다. 다우지수보다 확실히 두 배는 좋았습니다. 그래서 이제 저는 종목 접근법 대신 집단 접근법에 열중하게 되었습니다.

제가 원하는 요건은 대부분 해에 주식수익률이 채권 금리의 두 배가 되는 것입니다. 배당 기준이나 자산가치 기준을 적용해도 좋은 실적을 얻을 수 있습니다. 그러나 제가 연구한 바로는 단순히 이익 기준을 적용할 때 실적이 가장 좋

습니다.

버틀러 저는 우리가 주식수익률 대신 PER 척도를 사용한다는 사실이 항상 안타까웠습니다. 어떤 주식이 이익의 40배에 거래된다는 표현보다 주식수익률이 2.5%라는 표현이 훨씬 쉽게 와닿으니까요.

그레이엄 네. 주식수익률이 더 과학적이고 논리적인 표현법이라 하겠습니다.

버틀러 배당성향이 대략 50%라면 주식수익률의 절반 정도가 지속 가능한 배당수익률이라고 추정할 수 있겠지요.

그레이엄 네. 저는 이익수익률이 금리의 2배가 되는 종목을 원합니다. 그러나 대부분 해에 AAA등급 채권 금리는 5% 미만이었습니다. 그래서 저는 두 가지 기준을 설정했습니다. 금리가 5% 미만일 때는 주가가 이익의 10배 이하(주식수익률 10% 이상), 금리가 지금처럼 7%를 초과할 때는 주가가 이익의 7배 이하(주식수익률 14.3% 이상)인 종목을 원합니다. 따라서 제 매수 기준은 AAA등급 채권 금리의 2배이되, PER 상한선은 금리 수준에 따라 7~10배가 됩니다. 이것이 지금까지 제 연구의 토대였습니다.

작년에 저는 시카고에서 몰로도프스키 상을 받았습니다.

버틀러 선생님께서 이 연구를 거의 완성하셨다고 들었습니다.

그레이엄 상상해보세요. 최소한의 작업으로 사실상 실패 우려 없이 좋은 실적을 얻는 주식 투자 방법이 있다고요. 지나치게 좋은 이야기라서 믿어지지 않을 것입니다. 그러나 60년 경험을 바탕으로 저는 말할 수 있습니다. 이 기법은 제가 실행한 시험을 모두 통과했습니다. 이제 다른 사람들의 비판을 들어볼 생각입니다.

버틀러 마침 선생님의 저술 활동이 다소 뜸해지고 있

을 때, 여러 교수가 랜덤워크random walk(주가 흐름은 무작위여서 과거 가격으로 미래 가격을 예측할 수 없다고 주장하는 이론)에 관한 연구를 시작했습니다. 선생님은 이를 어떻게 생각하시는지요?

그레이엄 모두 매우 진지하게 열심히 연구하는 분이라고 믿습니다. 그러나 저는 이분들의 연구와 실제 투자 실적 사이에서 뚜렷한 관계를 찾기가 어렵더군요. 이분들은 시장이 효율적이어서 사람들이 정보를 더 입수해도 소용이 없다고 말합니다. 옳은 말일지도 모릅니다. 그러나 정보가 널리 확산되면서 형성되는 가격이므로 합리적이라고 생각한다면 완전히 틀린 생각입니다.

올바른 가격을 제대로 정의해본다면, 월스트리트에서 형성되는 가격이 과연 올바른 가격이라고 말할 수 있을까요?

버틀러 현직 애널리스트들이 더 적극적으로 참여해서

학계의 훌륭한 연구에 균형감을 보태드렸더라면 하는 아쉬움이 남는군요.

그레이엄 저도 그렇지만 현직 애널리스트들이 주식 매수를 논할 때는 구체적인 가격과 손익, 특히 이익에 대해서 매우 현실적으로 이야기하지요. 어떤 종목의 주당 운전자본이 50달러인데 32달러에 거래된다면 저는 흥미로운 종목이라고 말합니다. 이런 주식을 30종목 매수한다면 반드시 돈을 벌게 됩니다. 절대 손해 볼 수가 없어요.

이런 접근법에 던질 질문은 두 가지입니다. 하나는 '주가가 운전자본의 3분의 2라는 기준이 저평가 상태를 가리키는 믿을 만한 지표인가?' 입니다. 우리 사업 경험에 의하면 실제로 그런 지표입니다. 두 번째 질문은 '저평가 종목을 찾아내는 다른 기준은 없는가?'입니다.

버틀러 다른 방법이 또 있습니까?

그레이엄 오늘 오후 제가 계속 언급하는 내용이, 단순한

기준을 적용해서 증권의 가치를 평가한다는 것입니다. 그러나 사람들은 하나같이 장기 전망이 좋다거나 내년 반도체 산업의 전망이 밝다는 이유로 제록스나 3M과 비슷한 개별 종목들을 발굴하려고 합니다. 이는 믿을 만한 방식으로 보이지 않습니다. 공연히 시간만 잡아먹는 방식입니다.

버틀러 30년 전에도 그렇게 말씀하셨을까요?

그레이엄 그렇게 말하지 않았을 겁니다. 30년 전에는 제 사고방식이 그렇게 부정적이지 않았으니까요. 아마도 저평가 종목 사례들을 충분히 발견할 수 있다고 긍정적인 태도로 말했겠지요.

버틀러 그동안 효율적 시장론자들이 물을 흐렸다고 봐야 하겠지요?

그레이엄 효율적 시장에 대한 이들의 주장이 옳다면, 사람들이 주가 흐름을 연구해서 돈을 벌려고 해도 전혀 소용이 없습니다. 유감스러운 일이지

만 저는 지난 60년 동안 월스트리트를 지켜보았어도 주식시장을 정확하게 예측한 사람을 발견하지 못했습니다.

버틀러 정말 옳은 말씀입니다.

그레이엄 '월스트리트 위크**Wall Street Week**(투자 뉴스와 정보를 다루는 TV 프로그램)'만 보아도 알 수 있습니다. 출연자 중 자신의 시장 예측이나 견해를 강하게 주장하는 사람이 아무도 없어요. 다른 경제 전문가들도 모두 나름의 견해가 있어서, 질문을 하면 기꺼이 밝힙니다. 그러나 자신의 견해가 옳다고 주장하지는 않아요.

버틀러 인덱스펀드에 대해서는 어떻게 생각하시나요?

그레이엄 인덱스펀드에 대한 저의 견해는 매우 명확합니다. 기관이 펀드 운용을 시작한다면 먼저 인덱스펀드 개념으로 여러 펀드를 운용해야 합니다. 즉 S&P500에서 100종목이나 150종목을 선정한 일종의 인덱스펀드를 구성해야 합니다.

그리고 펀드매니저에게 포트폴리오 조정의 재량권을 부여하되, 그 성과에 책임을 지게 해야 합니다. 성과에 대한 보상은 예컨대 S&P500지수 상승률 대비 근접도나 초과실적으로 해야 한다고 생각합니다.

그러나 요즘 집단 토론을 해보면 펀드매니저들은 이런 아이디어를 받아들이지 않습니다. 이들은 고객들마다 요구 사항이 다르기 때문에 이런 아이디어를 받아들일 수 없다고 말하지만, 이들의 주장은 현실적이지 않고 건전하지도 않습니다.

고객들마다 요구 사항이 다르다는 주장에 저는 제대로 수긍해본 적이 한 번도 없습니다. 투자자들은 모두 만족스러운 실적을 원하며, 이들이 원하는 만족스러운 실적은 거의 같다고 저는 생각합니다. 따라서 예컨대 지난 20년을 돌아보면, S&P500지수에 투자했더라도 많은 정보를 수집하고 협의하면서 애써 운용했을 때 못지않게 좋은 실적을 얻을 수 있었습니다.

버틀러 그레이엄 선생님, 요즘 애널리스트나 CFA가 되고자 하는 젊은이들에게 어떤 조언을 해주시겠습니까?

그레이엄 먼저 주식시장의 과거 기록을 분석하고, 자신의 역량을 검토한 다음, 스스로 만족할 만한 투자 기법을 찾아낼 능력이 있는지 생각해보라고 권하고 싶습니다.

만일 자신에게 그런 능력이 있다고 판단하면, 다른 사람들의 분석이나 생각이나 조언에 의지하지 말고 스스로 투자 기법을 찾아내십시오. 그리고 이렇게 찾아낸 투자 기법을 고수하십시오. 우리가 바로 이런 방식으로 사업을 했습니다. 우리는 절대로 다수를 따라가지 않았습니다. 이 방식이 젊은 애널리스트에게도 바람직하다고 생각합니다.

저는《증권분석》보다《현명한 투자자》가 더 유용한 책이라고 생각하는데,《현명한 투자자》에서 유리해 보이는 기법을 선택해서 일관되게 고수하라고 추천합니다.

여러 해 전 월스트리트에서 일을 시작한 조카가 찾아와서 제게 조언을 구했습니다. 그래서 이렇게 말해주었습니다. "딕, 현실적인 조언을 해주겠네. 폐쇄형 투자회사 주식을 평균 15% 할인된 가격에 매수하게. 자네 친구들에게도 폐쇄형 투자회사 주식을 할인된 가격에 매월 일정 금액 매수하도록 하게. 그러면 자네는 아무 문제 없이 투자에서 앞서나가게 될 걸세."

조카는 조언을 실행에 옮겼습니다. 그는 이 투자를 바탕으로 사업을 순조롭게 시작할 수 있었습니다. 이후 대형 강세장이 와서 그는 좋은 성과를 거두었고, 이어서 다른 분야로 옮겨 대규모 투기적 사업을 벌였습니다. 그는 적어도 시작 단계에서는 건전하게 투자했습니다. 건전한 투자로 시작하면 절반은 성공한 셈입니다.

버틀러 선생님은 월스트리트 사람들이 과거 투기 열풍에서 교훈을 얻었다고 생각하십니까? 애널리스트나 펀드매니저들이 고고 펀드(go-go fund, 단기 대박을 추구하는 투기성 펀드), 성장주 숭배, 원 디시전 종목(one-decision stock, 매수 결정 후 계속 보유하는 종목), 양극 장세(two-tier market, 기관투자가가 집중 매수하는 종목과 나머지 종목의 주가 흐름이 양극화된 현상) 등에서 배운 것이 있다고 보시나요?

그레이엄 극단적 보수주의자들**the Bourbons**은 배우지 못하고 배워도 기억하지 못한다는 말이 있지요. 월스트리트 사람들 역시 배우지 못하고 배워도 기억하지 못한다고 저는 생각합니다. 장래에도 월스트리트 사람들의 행태는 개선되지 않을 것입니다. 과도한 희망과 공포 등으로 구성된

이 탐욕스러운 사업은 인류가 사라지는 날까지 유지될 것입니다.

영국 경제학자 배젓Walter Bagehot이 남긴 명언 중 공포가 발생하는 과정을 표현한 대목이 있습니다. "사람들은 돈이 생기면 그 돈으로 맹목적 투기를 하고, 그 돈을 잃으면 공포에 빠진다."

저는 월스트리트에 대해 매우 냉소적입니다.

버틀러 그러나 월스트리트에도 독자적으로 생각하는 사람들이 있지 않습니까?

그레이엄 물론 있습니다. 월스트리트에서 성공하려면 두 가지가 필요합니다. 첫째, 올바르게 생각해야 합니다. 둘째, 독자적으로 생각해야 합니다.

버틀러 네. 올바르게, 그리고 독자적으로 말씀이시지요? 이제 이곳 라호야도 구름이 걷히면서 날씨가 화창해지려고 합니다. 월스트리트도 화창한 날씨를 맞이하게 될까요?

그레이엄 1974년 중반 시장이 바닥에 도달한 이후 화창한 날씨가 많았습니다. 그리고 짐작하건대 이후에도 월스트리트는 전혀 바뀌지 않았습니다. 현재의 낙관론은 과도한 수준에 이를 것이고, 다음에 오는 비관론도 과도한 수준에 이를 것입니다. 이른바 대관람차, 시소, 회전목마처럼 되풀이될 것입니다. 계속 똑같은 모습을 보게 되지요.

지금 당장은 주식이 전반적으로 고평가된 상태는 아니라고 봅니다. 그러나 앞으로 5년 안에 1970년이나 1973~1974년 상황이 반복될지 모른다고 걱정하는 사람은 없는 듯합니다. 분명히 말하는데, 지금까지 이런 문제를 곰곰이 생각해본 사람이 없었습니다. 그러나 대략 5년 안에 그런 상황이 반복될 것입니다. 다우지수를 보면 알 수 있습니다.

버틀러 선생님과 인터뷰하면서 매우 즐거웠고 많은 자극을 받았습니다. 샬로츠빌 콜게이트 다든 경

영대학원에서 선생님의 회고록 원고를 고대하고 있습니다.
대단히 감사합니다, 그레이엄 선생님!

벤저민 그레이엄의
현명한 투자자
정말 읽기 쉬운 **핵심 요약판**

초판 1쇄 2023년 10월 2일

지은이 | 스티그 브로더슨, 프레스턴 피시
옮긴이 | 이건

펴낸곳 | 에프엔미디어
펴낸이 | 김기호
편 집 | 양은희
기획관리 | 문성조
마케팅 | 조현정

신 고 | 2016년 1월 26일 제2018-000082호
주 소 | 서울시 용산구 한강대로 295, 503호
전 화 | 02-322-9792
팩 스 | 0303-3445-3030
이메일 | fnmedia@fnmedia.co.kr
홈페이지 | http://www.fnmedia.co.kr

ISBN 979-11-88754-87-8(03320)
값 15,000원